予約が
とれない

霊視占い師もりえみの

「その悩み、すぐに消えるよ!」

もりえみ〔著〕
野崎ふみこ〔絵〕

サンマーク出版

わ〜〜ん わ〜〜ん
生きてる価値がない
おおお〜
ドロドロ…
わたしのせい〜
もうだめ〜…
悲しい
さびしい
わたしばかり不幸
辛い
消えたい
死ぬ
おおお
大好きなのに〜…
おあああ
きらわれた…
お金が
もう消えたい

もうだめ〜…
ひぃぃ〜〜〜
どうしていつもいつもいつも…
グジグジ…
また捨てられた…
おわった…
あああ…
大きらい〜…
死にたい
まっくら
うっーわー
盛大に悩んでるねえ
ちょっと待っててね
アハハ

えいっ
ボスッ
ああああ〜
うううう〜
おおおおお

スポッ

もう大丈夫よ
よく頑張ったねえ

いい？
あなたの居るべき
場所はここ
パッ
あなたの
輝く場所はここ
信じて

こ
こんなとこに
わたし
居ていいの？
アハハ
もちろんよ
あなたは
輝いていることを
思い出して
そして
いい？
「悩み」は
すべてマボロシ
なの

Introduction 悩みなんて、ほんとうはありません

人の「悩み」って、ほんとうに尽きないですよね。

恋愛、人間関係、お金、仕事、家族、人生など。いろいろな悩みを抱えていますし、同じ悩みでも、10人いれば10とおりの悩みがある……と思うでしょう？

ところが、実は違います。

あなたが見ているさまざまな、その問題は、

「恋愛問題」というヴェールをかぶっているだけ。

「お金や仕事の問題」というヴェールをかぶっているだけ。


どの問題もすべて「**傷**」**はひとつ**。そしてその傷は**過去の誤解**から始まっています。

だから、その誤解に気づけば、どんな悩みも、もともとなかったことに気づきます。

この本を手に取ってくださっている皆さん。

はじめましての方もたくさんいらっしゃると思います。

「もりえみ」です。

わたしは、17歳から占い鑑定を始めて、これまで**5万件以上**の悩みをお聴きしてきました。


リアルにお会いしてのセッションは基本的にはしていません。

電話でクライアントさんの「声」を聴き、その人の〝音〟から悩みの原因だけでな**く、過去、現在、未来まで視《み》ています。**


鑑定を受けてくださった方をはじめ、いろんな方に、

「もりえみさんの占いって、ただの占いじゃなくて霊視なんじゃない？」

と、よく言われるので、「**霊視占い師**」という肩書でお仕事をしていますが、「目」ではなく「音」で視ている感覚です。なので正確には、そんな言葉があるかどうかわかりませんが、あえて表現するなら「**霊聴**」して鑑定しています。

先ほど書いたように、これまでほんとうにたくさんのお話をお聴きしてきて、聴けば聴くほど「悩み」のしくみが明確になりました。

とってもシンプルに一言。何だと思いますか？

「その人に解決できないことは起きない」

なぜなら「悩み」って、その人がそう見ていることで、自分がつくり出しているものだからです。

この世界は「**自分で創っている世界**」だとわたしは考えています。

つまり、自分自身で映し出した世界が、目の前に広がって見えているだけだと思っています。それを見ながらぐるぐると渦に巻き込まれてしまう。

でも、「自分の世界」を自分で見ているだけだから、自分で解決できます。

だから、わたしはこう言います。

「悩みなんて、ほんとうはないんだよ!」

みんな「えっ?」ってなります。

「わたし、こんなに悩んでいるのに……」

時々、お話を聴きながら、ふと笑ってしまうときがあります。

「こんなに真剣に悩んでいるのに、どうして笑うんですか?」

いえいえ、ごめんなさい。バカにしてるんじゃないんです。あのね……。

それは、ただ、いろいろなことと自分を比較して、勝手に苦しんでいるだけ。

苦しんでいるのは誰? 苦しませているのは誰?

みんな、自分で自分の苦しみをつくり出しています。

この世界は、ミラーハウスの中にいるような感じ。見ているものが、小さくなったり大きくなったり、いっぱいになったり少しになったり、太く見えたり細く見えたり、万華鏡みたいに見えたり。そんなふうに、自分のことを小さく見たり、大きく見たり、男に見えたり、女に見えたり。自分でそういう世界を見ています。

クライアントさんの悩みに、わたしは**「なぜ、それが起きているのか？」**をお伝えします。その人がもっている**「鏡」**が何を、どうやって映しているのか。そのヒントを相手の「言葉」から導き出し、その人が気づくためのきっかけをご提案します。

「鏡」に何か変な影が映っているから、ここを拭こう！　そんな感じです。

「あなたが思っているから、そうなっているだけ」

クライアントさんの１００人中１００人（１００パーセント）が「ほんとうに電話してよかった！　やっと意味がわかりました。ありがとうございました！」と言ってくださいます。これまでのリピーター率も90パーセント以上です。

そんな皆さんの声を聴いて、「わー、今日もわたし、最高！」って、わたしが幸せにさせてもらっています。

わたしは、長年の経験から、たとえクライアントさんの願いが叶《かな》う可能性が1パーセントだったとしても、それを100パーセントまでもっていく自信があります。

それは、わたしが**「悩み」のメカニズム**を知っているからです。


これまで長年、くり返してきた、間違った思い込み、それは**愛の誤解**をといていくことで変わります。


幸せになりたいのなら、自分を信じること。

そして、相手のことも信じること。ただそれだけです。

それがとっても大事です。

それをわたしは、くり返しお伝えしています。


「言っていい？　言っちゃうよ！」

その悩みは、あなたがわたしにこうして会ったことで、一瞬で変えられます。
わたしとつながっている人は絶対的に幸せにすると決めています。

「あなたの人生は絶対にうまくいく」

そういう気持ちで毎日、鑑定しています。

だから、あなたはもう幸せになっていいよ。

もりえみ

予約がとれない霊視占い師もりえみの「その悩み、すぐに消えるよ！」 目次

Introduction

Prologue

Chapter 1

みんな必死に悩んでいる　43

Chapter 2

自分でラベルを貼る人たち 77

Chapter 3

楽になって、よかったね 107

Chapter 4

大切な「お金」の話をするね 135

付録

Epilogue

おまけ

QRコードからメッセージが聴ける！

「もりえみの言の葉カード」

絵　FUMIKO

ブックデザイン　萩原弦一郎（256）
本文DTP　朝日メディアインターナショナル株式会社
校正　株式会社ぷれす
編集　鈴木七沖（なないち）
佐藤理恵（サンマーク出版）

prologue

「もりえみ」のこと

わたしが大切にしていること

わたしが鑑定をしてお金をいただくようになったきっかけは、17歳で妊娠したことです。


小さい頃、ちょっと変わった力があることに気づきました。

かかってきた電話の相手が誰で、どんな内容かがわかったり。

人が発する匂いから、その人の病気の状態まで察知したり。

光と影が見えて、光っているところは才能、黒いところは、これまでに何かあったか、これから何か起きるのがわかったり。


そういうことを言うと、まわりの大人からは怖がられてしまうので、わたしには**「人が見えていないことが見えている」**ということがわかって、その能力を嫌って、だんだん目も耳も鼻も悪くなりました。

RRR…
伯父さんからだよ
お金貸してって
祖母
えみ
あ あの人入院するよ
これ！
そういうこと言うのやめなさい
怖い子
えっ
コワイ？
封印
見ない
聞かない
言わない

高校生くらいの頃から、友だちに「えみちゃん、ちょっと相談があるんだけど」とよく言われるようになりました。すると、ただわかったことを言っているだけなのに、なぜかみんなに喜ばれるようになりました。

ある日、当時付き合っていた彼が占いに行くというので、いっしょに行ってみると、ものすごい行列でびっくりしました。そしてわたしも受けてみて、

「え？　こんなことでお金って稼げるの？」

さらにびっくりしました。そのときは、こんなふうに鑑定する場所がないし、どうやったらいいかがわからなかったのですが、ちょうどその頃、妊娠がわかって、電話鑑定を始めることにしました。

それが、あっという間に想像以上の評判になって、20代前半には同世代の人たちより、何倍ものお金をいただくようになりました。

クライアントさんは鑑定料金以外に、通話料金がかかるので、携帯電話の料金を気にして、なかなかかけてこられない人のために、当時は同じ携帯会社なら通話無料に

なったりしたため、各会社の携帯を契約していた時期もありました。
とにかく、家の固定電話も携帯も朝から夜まで、ずっと鳴りっぱなし。
これが天職になるなんて……ほんとうにありがたいことです。

今でもそうですが、わたしがずっと大切にしていることがあります。

問題を問題として見ないで、大丈夫を伝えていく。

最初にも書きましたが、悩みは、その人みずからが生み出しているものばかりです。
なので、そのことをちゃんと伝えること。
そして絶対にわたしが何とかしようと思わないことです。解決しようとした時点で、
わたしがそれを問題だと見ていることになるからです。

わたしはそれを問題だと思っていないから。ただ、そういうことが起きたんだね、
と聞いています。

① その人に解決できないことは起きない

② わたしが解決しようとしない

そして何より、クライアントさんがわたしとつながった時点で「解決できる人」って自分で決めてかけてきてくれるから。だから解決できない人は来ないんです。実はもう、その人が決めているんです。わたしじゃなくて。

電話をしていただいた瞬間に、あなたは答えをもっています。

その答え合わせをすることで、ときめきが溢《あふ》れて未来が楽しくなります。

わたしは、そのとき、その場から、あなたが明るい未来に進んでいけるよう、わかりやすく伝えていくだけです。

そして、クライアントさんが悩みを解決できるのと同じように、わたしにもその人を受けとめられる経験や要素があるからこそ、ご縁ができます。

電話をかけてきてくれたクライアントさんは**「わたし」だと思っている**から、大切に扱います。

それは、過去のわたしだったり、未来のわたしだったりするから。過去の自分にどうやって話そうかな。ああ、これは未来の自分なんだな。クライアントさんにかける言葉はわたし自身にも言っています。だから、鑑定が終わると、わたしが誰よりいちばん癒されています。人を癒しているようでわたしがいちばん癒されています。

あなたがなりたい未来をサポートする。
今のあなたと未来のあなたを伝える。
そしてあなたにとっての幸せを伝えていく。

このお仕事が最高に楽しすぎて幸せです。
あなたも自分の可能性を信じて、未来にワクワクしてみませんか？

クライアントさんはわたしそのものです

1パーセントを100パーセントに

わたしの鑑定の仕方は独特だと言われます。

「音」で視《み》る。

喋《しゃべ》り方で何となく、この人はこんな性格で、こういう生き方をしてきたんだな、というのはすぐわかります。

でも、わたしは「音」で感じています。違う音を聴いている感じ。

例えば、「わかった」という言葉を、今、この音で喋っているということは、こんな気持ちで、こうなんだな、と視ていきます。「わかった」という単語そのものの意味で聴いていません。

わたしは鑑定するとき、クライアントさんによくこう言います。

○○○でー
○○○なんです
○○○でー
○○○
なんです
言っていい？
言っちゃうよ？
えっ
もうわかったん
ですか

「言っていい？　言っちゃうよ！」

わたしは鑑定する瞬間、

その人になる。

その人に入る。


そんな感覚です。だから、瞬時に、その人のすべてがわかります。

よく、ドラマや映画で、人がぶつかっちゃって、中身が入れ替わるってあるでしょう？　そんな感じです。そうすると、その人になっちゃったから、その人が見ているものや、その人の癖とか、全部わかります。どこが引っかかっているか。過去も未来も、一瞬で視えます。

だから「**言っていい？　言っちゃうよ！**」と自信をもって言えます。

そしてその人のすべてが見とおせるので、その人の願いが叶《かな》う可能性が1パーセントとわかっても、それを100パーセントまでもっていきます。

「１パーセントしかない」と思っていたら、そのとおり１パーセントの現実がやってきます。それを１００パーセントの気持ちでやれるなら、こういうやり方や、こんなやり方があるよ、ってお伝えさせていただきます。

その瞬間、クライアントさんご自身が、１００パーセントを信じるから、１００パーセントになります。


「大丈夫！」


その解決方法をお伝えしますが、もちろんわたしが解決するわけではありません。

どうしたいのか、決めるのは自分です。

その人は「わたし」でもあるのだから、わたしが１００パーセントって思っているので、その光を共有するだけです。

大丈夫！　見方を変えれば大丈夫だって気づけるよ

「光」に包まれるって、とっても大切

鑑定をするとき、クライアントさんご本人が、「どうしたいか?」がわからない限り、わたしから、「こうしたほうがいいですよ」とお伝えしても「ほんとうにそうかな?」となってしまいます。だからわたしは、必ず、

「どうしたいですか?」

そうお聞きします。

例えば「赤が好き」という人に「赤が好きですよね?」と聞けば「そうです!」となりますが、何色が好きかわからない人に、「この色好きですよね」と聞いてもわからないのです。自分がどうしたいのか。これがわからないと先に進めないので、それに気づくようにお話ししていきます。

わたしは一瞬その人に入ることで、完全にその人になって完璧に視る。その一方で、

どうしたいですか？
結婚したいんです！
結婚したいんです！
ぴかっ
結婚してー彼とずっとずっといっしょに…あれ？
わたしひとりで自由でいたいかも…
はいならどうしたい？
わたし仕事したいのか！

クライアントさんを手のひらの上に乗せて全方位から客観的に視ています。

彼のことでご相談していても、ほんとうはただ認められたいだけとか、転職のことで悩んでいても、ほんとうは家族のことを気にかけているとか。すでにわたしにはすべてが視えていますが、ご自分では気づいていません。

例えば、

「どうしたいですか？」

「彼とうまくいきたいです」

「じゃあ、こうしてみましょうか」

そんなふうにうまくいく方法をお伝えします。そのようなやり取りをしていく中で、うまくいくご相談をしていたはずが、「ほんとうは別れたかった」という、ご自分でも気づいていなかった本音が出てくることがあります。


クライアントさんの「音」**が変わる瞬間**がわかります。

それがその人のやりたいこと、言いたいこと。

ぱーっと光がさすように、

「あ！　わかった！」

全方向から自分がスポットライトの強烈な光で包まれているような感覚。

まるで赤ちゃんが生まれてくる瞬間と同じ。お母さんの暗いおなかの中から、ぱーっと生まれ出る感覚。あの解放感。あのワクワク感。


「わたし、こうしたいです！」

そうやって自分で言葉にすることで、やっとわかる。見ているだけ、考えているだけじゃわからなかったことが、言葉にして、自分自身に**「音」で、「言葉」で、聞かせる**ことで気づくのです。自分の言葉は自分がいちばん聞いています。だから、どういう言葉を自分に聞かせるのかは、とても大事なことです。


それがわかると、あなたはもっと輝きだします。

あなたは、いつも輝いていることを思い出してね

MORIEMI

家族が教えてくれること

わたしには愛してやまない夫の大《だい》ちゃん（旦那さんの呼称）と、24歳から下は4歳まで。4人の子どもがいます。大ちゃん以外は全員、女性です（笑）。長女は海外で生活していますが、あとの4人はひとつ屋根の下でいっしょに暮らしています。

わたしは小さい頃、お母さんが忙しすぎて、ご飯の支度がままならないことがよくあって、いつも妹とおなかをすかせていました。だから、お母さんみたいになりたくなくて、以前はちゃんと子どもたちに3食とおやつ、夜食まで全部つくっていました。ずっとキッチンに居る人でした。

でも、ほんとうは全然やりたくなかった。お母さんだから、やるのがあたりまえって思っていたけど、それはただの義務感でした。

おなか
すいた
お金ない
お母さん
帰って
こない……
えみ
残さないで
ちゃんと
食べてね
ねっ
もぐ
もぐ
もぐ…
もう
食べないの?
もっと
食べて
食べて
食べて
食べて
食べて
ぴゅ〜〜…
じゃ
はい
おやつ!
あそんでるんだけど…

ほんとうはやりたくないのに、無理してやっていたら、「わたしだって頑張っているんだから、あなたもちゃんとやりなさいよ！」ってイライラしたり、腹が立ったり。でも、そんなこと言えなくて、我慢と産後うつが重なって、重度のアルコール依存症になったこともあります。

お酒を飲むと、ちゃんとできなくてもいい、お酒を飲んでいるから仕方ないって、思えるようになって。それが楽でだんだん酷《ひど》くなっていきました。お昼の3時くらいから飲みだすようになり、家にあるお酒がなくなると買いに行く日々。酔っぱらって転んでケガをしたこともありました。それでもやめようとは思いません。

ある日、とうとう腎臓がやられて救急搬送されましたが、それでもやめられない。ノンアルコールビールに変えてみても、結局もっと飲みたくなって、また、ほんとうのビールを買いに行く。

健康診断のとき、「1日にどれくらいお酒を飲みますか？」と聞かれて、2リットルとか3リットルって答えると、「間違えていませんか？」と言われたことも。だって、500ミリリットルを6本だから、3リットルであっているよね？　みたいな（笑）。

でも、そんなに飲んでいたわたしですが、今は飲みたいと思いません。

どうやってお酒をやめられたのか？

それは大ちゃんとの出会いでした。大ちゃんとは再婚ですが、

「オレも、もうお酒飲まないから、えみもやめて」

そう言って、いっしょにやめてくれたことがきっかけで、飲まなくなりました。今はみずから飲みたいと思うことはありません。


そうして今は主に、食事は三女が、掃除や洗濯は次女と大ちゃんとお掃除ロボットがやってくれています（笑）。わたしがやりたくないことを手放して、我慢することをやめて、家族を頼ることで「ありがとう」の気持ちの循環が生まれました。

大ちゃんと出会う前、子どもたちがまだ小さかった頃は、日々の鑑定も彼女たちを寝かしつけてからになるので、いつも寝不足でした。自分の親に子どもを見てもらわなければ生活が成り立たないときも少なくなく、ずっと罪悪感もありました。

「お母さん、もっと仕事に誇りをもっていいんじゃない？」

ある日、突然、子どもたちに言われてハッとしました。

わたしは、鑑定という仕事をしていることを、同級生やママ友にもずっと言えませんでした。そんなことを話したら、怪しいって思われる。無意識にわたしがそう思っていたことに気づきました。子どもたちは、お母さんは素敵な仕事をしていると思っていることがわかって、とても救われました。

毎日、夜の9時から仕事をしていました。その頃は1Kの小さな部屋に母娘4人で暮らしていたので、電話越しに、クライアントさんに生活音が聞こえないよう「みんなのトイレも9時までには済ませてよね！」そんなふうにして家族みんなで準備して、鑑定時間になると、「もしもし～、どうされましたか～？」と始めていました。

「あなたたちがこっちを見ていると、その気持ちがクライアントさんに伝わっちゃうから向こうむいてて」なので、子どもたちは狭い部屋で向こうをむきながら、わたしの声を聴いていたんですね。それが子どもたち曰《いわ》く、心地よくて子守歌みたいに眠くなるんだとか。わたしと関わった人が安心する様子を、子どもたちは「音」で聴きながら育ったわけです。

そして今では三女が「**お母さんみたいな仕事したい**」と言ってくれるようになりました。母親として、わたしの大好きな仕事を子どもたちが理解してくれていること、そして尊敬してくれることは、ほんとうに嬉《うれ》しいことです。

今でも子どもたちにはハッとさせられます。するどいところを突いてきます（笑）。わたしもクライアントさんには「言っちゃうよ！」とズバッと言いますが、自分のことは全然わからなくて、ばたばたしてしまうときがあります。そんなとき、子どもたちはいつも冷静にちゃんと見ていてくれます。

そして大ちゃんは、わたしにとっての「あり得ない」を見せてくれる人（笑）、家族はわたしの思い込みを外してくれる頼もしい存在です。

家族はいつもわたしを支えてくれる大切な存在

Chapter 1

みんな必死に悩んでいる

MORIEMI

あなたの願いを叶えられるのは あなただけ

あなたが何かを悩んでいるとき、その根っこはすべて同じです。
親が、とか、彼が、とか、お金が、とか。
全部カタチを変えてみせているけれど、**「愛の誤解」**が原因です。

例えば、小さかった頃、親に構ってもらえなかったから、「大切にされていなかった」と思っているとします。でも、それは見方を変えると、あなたはちゃんとできる子だから、親は信頼して放っておいただけかもしれません。だけど、あなたは誤解してしまった。そう思い込んでしまった。

そうすると、その「大切にされない」わたしが叶《かな》い続けます。職場で大切にされない。パートナーに大切にされない。子どもにも大切にされない。あらゆるところで、「大切にされない」ことが起きます。

わたしは大切にされない人。
わたしは大切に
されない人。
ドンッ!
大切に…
バンッ!
ドカッ
大切に…
大切にされたいよ~
え~~ん

わたしたちはすべて思い込みで生きています。どういう前提で生きているかが人生を創っています。

愛されなかった、と誤解し、思い込んでいるから、すべてがそうなっているだけ。運がいい人は運がいいって言っているだけ。幸せも不幸せも、お金持ちも貧乏も、そう決めているのは自分だけです。今の現実はあなたが思ったままが見えているということです。すべて叶っています。

・お金持ちになりたいと思っていたら↓　あなたが思うお金持ちじゃない現実
・幸せになりたいと思っていたら↓　まだ自分にとっては幸せじゃない現実
・家族で仲よく暮らしたいと思っていたら↓　子育てや旦那さんのことで悩む現実

叶えるために逆の現実が起きています。

ないと思っているから、「ない」がある。ほんとうはすべて「ある」んです。

ただ、お金あるわー。
ただ、幸せだわー。
ただ、そう思うだけです。深く考えないことが叶う近道です。

わたしは「その悩み、わたしと出会ったら一瞬で変えられるよ」っていう前提です。
あなたの人生、絶対にうまくいく、という気持ちで鑑定しています。

これからどう生きていくかと問われたら、あなたはどう生きていくと決めますか？
はっきり言います！　もう不幸な選択はしなくていい。
あなたがいちばん心地よい選択をしてあげてください。
幸せになる覚悟をして、わたしとつながってね。

誤解をといて幸せになる覚悟をしよう

MORIEMI

幸せに生きる方法

「悩み」は「**否定すること**」と「**比較すること**」から生まれてくると思います。

この世界から否定すること、比較することをやめてしまえば、すべて幸せで、悩みがなくなると思います。

自分に対しての否定と、他人に対しての否定。

今の自分のままではダメだからと、自分を否定して、あれをやろうこれをやろうとするのではなく、やりたいことをすればいいだけです。

そして、相手を見て「こういうふうにすればいいのに」は、実はあなたが自分自身に言いたいことです。

だから、相手も、自分も全肯定でいけば、すべてうまくいきます。

みんなのほうがうまくいっている。みんなのほうがちゃんとできている。みんなのほうが好きなことを見つけられている。

ええっ
もう
信じられないっ
ひどいっ
なんてみんな
勝手なの
ありえない！
…この人
バカなんだ
どいつも
こいつも
使えない
「人に言いたいことは
自分に言いたいこと」
えっ
ズキュー…ン

そんな気がしてしまうとき、あなたは自分が完全ではないと誤解をしています。それは比較をしているから。今のままの自分で、すでに素晴らしいのに、あの人と比べて、わたしはあれができない、これができない。だからダメなんだと、比較から始まる自己否定です。そんなことは必要ではありません。必要なことは今の自分が完全であることを理解することです。

そもそも、他人って、自分と比較するためにいるんじゃありません。人は自分を映し出す存在。比較するためじゃなく、自分をただ映して見せてくれているだけです。

素晴らしくて輝いているあの人も、だらしなくて困っているあの人も。お金がなくて悩んでいるあの人も、家がなくて寒そうなあの人も、結局は全部自分なのです。あいうふうになりたくなくて頑張っているのも自分。あんなふうに輝きたくて妬んでいるのも自分。

目の前にいるのは、未来の自分。過去の自分。今の自分。全部自分です。

相手を見て、反応してしまうのは、それが自分だからです。

・相手が間違っている↓　あなたが間違っているかもしれない
・相手が思いやってくれない↓　あなたが思いやっていないのかもしれない
・相手が自分勝手↓　あなたが自分勝手なのかもしれない

相手にそうしないほうがいいよと思っていることは、あなたがそう思っているだけのことです。相手の問題ではありません。

自分という他人と、自分自身を全肯定できたら、悩みはすべてなくなります。
目の前の人を大切にすることは自分を大切にすることです。すべてを最愛の人と思って見てみたら、すべてうまくいきます。

相手も自分も全肯定してみようね

愛があるからこそ

人が悩む理由のひとつに**「愛を感じたいから」**というのがあります。

例えば、子育てに悩んでしまう親は、子どもがあれをやらない、これができない、わたしの育て方がいけないのかもしれない。そうやって次から次に悩みを話す人は少なくありません。

でも、これって**「愛があるからこそ」**なんですよね。

家族との過去にずっと悩まされてきた人がいます。

母親から受けられなかった愛情にとらわれて、それが憎しみに変わってしまう人もいます。でも、よくよく話を聴いてみると、そのお母さんだって一生懸命、あなたのことを思って行動していたことがわかります。

そういうことって、実はたくさんあります。

愛情表現にはいろいろなカタチがあります。

わたし母に無視されて育ちました
うんうん
食事中顔も見てくれない返事もしない母で
あら食事つくってくれてたの愛だね
何言ってもお金ポイッて渡されて終わり
お金くれたの？愛じゃん最高！
……
それお母さんなりの精一杯の愛だから～

自分の思うように愛情を受けられなかったからといって、愛されていなかったとは言い切れません。

例えば、日常生活の中でよくある食事の場面。

旦那さんは、ご飯を食べていても無反応。何か喜んでくれそうなことをしてあげても無反応。いったいどう思っているんだろう？　わたしだったら美味《おい》しいときは「美味しい！」って言うし、嬉《うれ》しいときは「嬉しい！」って言うのに……。イライラがつのります。

でもね、言っちゃうよ！

「それは、あなたへの愛です」

あなたは自分が喜んでほしいから、それを伝えてほしいから、それが愛情だと勝手に思い込んで悩んでいるだけです。そして旦那さんみたいに、相手のご機嫌を伺わないで自分の好きなように反応していいっていう現象を見せてくれているだけ。でも、あなたはそんなことをしたら、愛されないって勘違いしていませんか？

すべての行動は「愛」から起こっているので、あなたの行動も愛、旦那さんの行動だって愛。ご飯をつくることも、怒ることも、泣くことも、叫ぶことも、笑うことも、あなたがしている全部が愛なのです。愛があるからこそ、味わっている感情なのです。

愛の反対は「無」です。無になるということは、すべてがなくなって、すべてを感じなくなることだから、愛がなければ、相手の反応だって、どうでもよくなるもの。

愛しているからこそ、あなたは認められたいし、愛しているからこそ、反応してしまうんです。その気持ちさえも、愛そのもの。あなたは愛の塊でできています。

わたしの旦那さんも、ご飯を食べるときは、けっこう無反応。最初は腹も立ちましたが、本人曰《いわ》く「無反応なつもりはない。食べているってことは美味しい証拠」なんだって（笑）。心と見た目は違う。決めつけていたのは自分でした。

すべては愛。愛があるからこそ、なのです

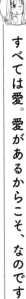

MORIEMI

「心配」と「悩み」は違うもの

悩みと心配って、似ているようで、ちょっと違います。

わたしは、悩みは別に悪いことではないと思っています。悩みはよいことに改善されていくから。だけど「心配」は無意味なうえに改善されないことが多いです。

心配は、1パーセントも起きていないことを永遠に不安がっていること。


「彼氏に裏切られたら、どうしよう?」今、彼、いますよね。

「病気になったらどうしよう?」今、健康ですよね。

それ、どちらも今〝ある〟ことです。つまり、今に思いがフォーカスしていません。

これは過去に深い傷をもっている場合が多いです。家族と離れ離れになったとか、大切なものを失った強烈な体験とか。まだ自分が小さすぎて困っていた親を助けられなかったとか、大切にしていた動物が亡くなったとか。

彼が死んだらどうしよう
生きていけない…
彼健康なんでしょ?
きっと振られちゃう
きっとたぶん
まだ告ってないよね?
これ食べたら太るよね
はーっ
大丈夫もう太っ…
モゴモゴ
今なんて言った?
アハハ
「心配無意味」

人って、ほんとうに〝今〟を見ていないような気がします。

過去と未来しか見ていない。過去に起こったことを気にして不安になり、まだ起こってもいない未来のことを想像して不安になる。もちろん、過去があって今ができていますが、今の視点から見たら、過去はもういらないものです。

- **彼ができたら彼を失うのが怖くなる**
- **お金が入ったらお金を失うのが怖くなる**
- **仕事を手に入れたら仕事を失うのが怖くなる**

だけど、どれも今〝ある〟から心配になっているだけ。だったら、〝ある〟を見ませんか？　起きてもいないことを心配して、目の前の人や、仕事や、ものを大切にできないのってもったいない！

こんなに心配になるなら、こんなに失うことが怖いなら、なかったほうがよかった。そんなふうに感じる人もいるかもしれません。

でも、そもそも、彼もお金も仕事も、今、自分の「近くにある」というだけです。

「手に入った＝自分のもの」と勘違いしているから、苦しさを招いているだけの話です。

すべてにおいて、絶対的に手に入れられるものは一生ありません。

これは忘れないでおいてください。あの世に持っていけるものは、好きな人でもお金でもなく、ただ自分が体験したときに生まれる「**記憶**」という思い出だけです。

もしも、あなたがいなくなったとしたら、どんな記憶を残しておきたいですか？

だから今やりたいと思っていることや、愛する人を大切にしたいと思う気持ちに素直になって、たくさん体験したらいい。もともと、手に入ったのは勘違いだとしたら、失うことなんてないし、損もしませんよね。

だから、あなたのその心配、何も問題ありません。

「心配」は無駄なことだからとらわれない

MORIEMI

感情を中途半端にしない

わたし自身、どちらかというと思考するより**「心で生きる」**タイプの人間です。

なので、一度「こうだ！」と決めたことは、中途半端にすることはなく、まったくやらないか、とことんやり切るか……つまり、0か100の人間です。


感情も中途半端にしないほうがいいと思っています。

せっかく人間として喜怒哀楽をもって生まれてきたのだから、喜びも怒りも悲しみも楽しみも、とことん出し切ってしまえば、すっきりします。

わたしは怒ったら、まわりの目とか一切気にせず、思うがままに怒り切ります（笑）。

中途半端にやるから、ずっと怒っちゃう。やめなきゃ、って思うから、また怒りが湧いてきちゃう。冷静になろうとして、その感情を止めてしまわないで、とことんやり切ってみたら、勝手におさまっていきます。

怒
バリキッ
怒
ジャバ
ジャバ
あ゛あ゛あ゛
オレの大切な漫画仕事PC
夫
悪いのは約束破った大ちゃん！だから怒ったの
……
すっきりさわやか～

怒りが湧いてきたなら、とことん怒り切っちゃう。

楽しい気持ちなら、とことん楽しんじゃう。

感情をコントロールしないことです。


クライアントさんからのご相談で多いのは「怒り」について。「怒り」についてはほかの感情よりコントロールしないといけないと考えている人が多いようですが、ほんとうは、どの感情も悪くありません。

「怒り」を悪いことだと思っているのは、あなたです。


怒ってしまうときは、怒る理由があります。怒りは、大切にされていないと感じたとき、または自分の弱さを隠すために湧き上がることがほとんどです。

小さい頃、怒る人が怖かったりして、怒ったらいけないと思い込んで自分の感情にずっと蓋をしてきたことで、この現実が起きています。

怒ったらいけない、なのに怒りが込み上げてくる。そんな自分が許せない。

だけど、ほんとうは相手に怒りたいのではなく、ずっと置き去りにしてきた自分にいちばん怒っています。ほんとうは、「大切にしてよ」って思っている弱い自分を許可できないから怒って誤魔化しているだけです。

怒る自分を許しながら感情表現をしてみてください。ほんとうのあなたが「助けてほしい」と言っている。それでも愛されるよって経験したいだけ。ちゃんとあなたがそれを出せたとき、それをさせてくれた相手に、今度は感謝が湧きます。

どうか、言葉を呑《の》み込まないで、大切なあなたのために出してあげてください。

そして、それは相手にもちゃんと伝わります。

喜怒哀楽があってこその人間です。ちゃんと出し切ったら、ほかの感情に移れます。

ひとつの感情に偏らず、いろんな感情を楽しみましょう。

とことん感情を出し切ったらすっきりするよ

大きく分類できる2つのパターン

電話がかかってきて、

「もしもし～、こんにちは～」

「あっ、こんにちは」

第一声で、クライアントさんの心のフロアに入ることができます。

面白いもので、5万件の悩みを聴かせていただいているうちに、人には2つのパターンがあることがわかりました。それは、

①とにかく「わーーーーっ！」と話す人

②ちょっと話しては黙り込み、またちょっと話すをくり返す人

どちらのパターンがいい悪いではなく、タイプによって言葉の選び方が変わります。

もしもし
もう！
聞いてくださいよ
大好き
大好きなのね
何でわかるんですか〜
うえーーーん

①のタイプは、**「答えがほしい人」**。このタイプの人には、一旦全部お話を聴いてから、ズバッと結論を言うことが多いです。わたしのクライアントさんは大半が女性ですが、たまにご紹介などで男性が来ると、大抵このパターンです。

②のタイプは、**「言葉がほしい人」**。こちらの場合は一言、一言、確認しながら話したい方が多いので、その都度「こうですよね」とこちらも確認しながらお答えしていくようにしています。

でも、どちらの場合でも、クライアントさんが望んでいることを「音」から見極めます。未来の出来事を伝えて納得する人もいれば、今どうなのか、をお伝えすることが重要な人もいます。

以前は起業のご相談が多かったのですが、最近は恋愛に関するご相談が増えてきました。特によくあるご質問は、

（1）どうしたら（相手から）愛されますか？

（2）どうしたら（相手が）連絡をくれますか？

（3）どうしたら（相手に）会えますか？
（4）どうしたら（相手は）わたしに夢中になりますか？

その方に合った言葉でお伝えしていますが、もりえみ流に一言で答えるなら、
（1）は、愛されようとしないこと。これは心の奥深いところで、すでに気持ちが「愛されない」前提になってしまっています。
（2）は、追いかけないで放っておくこと。でも、連絡が来たらすごく喜ぶこと。
（3）は、自分のことをつまんないやつだとは思わないこと。そもそも、会えますか？　会ってくれますか？　と思うこと自体が、そう思っている証拠です。
そして（4）は、気に入られようと頑張るのではなく、彼といることを楽しんでいれば大丈夫。彼があなたといっしょにいる時点で、それは好きでいてくれていることだから、あまり深く考えないこと。合わせないとダメな男じゃなく、わたしに合わせてくれるすごい男ってことにしちゃえばいいと思います。

誰もがみんな小さな解決方法を求めているの

愛される人がやっていること

わたしとつながるクライアントさんの悩みの7割は「**恋愛**」に関することです。

「愛されてない」という前提、勘違いで、ご相談に来る方が大半です。

人間関係でも、仕事でも、うまくいく人に共通していることがあります。

何だと思いますか？

「**愛を先に与える人**」

それに尽きます。人を大切にする人は、大切にされます。

さらに、自分のことを大切にする人も大切にされます。

とてもシンプルな方程式です。

はい
ありがとう
はい
ありがとう
にこっ
ありがとう

もしも、あなたが自分のことを大切にできなかったり、相手のことも大切にできなかったりして悩んでいるとします。心に余裕がないとき、そうなってしまう気持ちは、わたしにもわかります。そんな自分も、かけがえのない大切な自分ですよね。

でもね、覚えておいてほしいのは、「愛がほしい」って先に思ったとしたなら、それは鏡の法則で、あなたの目の前の人も、

「愛が先にほしい」

そう思っていることが多いのです。お互いが先に、先にって求め合ってしまいます。

そうなると、いつまでも貰《もら》えない現実が起きてしまいます。

だったら、

「惜しみなく、先に愛をあげちゃおう！」

先にあげたら愛は減ってしまうように感じるかもしれないけれど、違います。

愛とは増えるものです。

あなたは大切にされる人です。

自分を大切にして、愛を与える人のもとには、必ず愛を大切にする人がやってきま

す。愛をあげない、与えない人のまわりには、鏡に映った姿のまんまの人が現れます。
だったら愛をあげましょう！　相手はコントロールできません。方法はひとつ。
あなたが先に与えたら、それは必ず返ってきます。

そしてもうひとつ。
女性は「世界」だと思っています。男性は「最強の人物」。女性が世界を創っているからこそ、その中で男性は強い遺伝子を残していく。今いる人類って、最強の男性と、それを包み込む最強の女性の「世界」。

お母さんを愛するように、男性が女性を愛してくれれば、世界は全部平和になります。女性も、そんな男性に「さすが♡　素敵♡」っていつも素直に伝えられたら、世界は全部優しくなります。

愛される人は愛を与えることができる人

判断に迷ったときは

何かを決めるとき、判断に迷うことは誰にでもあります。
そんなとき、いつもわたしが言っているのは。

「あの尊敬する人なら何て言うかな？」
「あの大好きな人なら何て言うかな？」

そういう人を探しておくことです。誤解のないように言っておくと、尊敬する人も、大好きな人も、自分と比較する対象ではありません。あんなふうに生きられたら素敵だなって、目指して進むための**灯台の明かり**みたいな存在のことです。

「未来のわたしだったら何て言うかなぁ？」

わー どれに しよう
迷う～
決められない～
未来の わたしに 聞いてみよう
今日は やめとけ
あ やっぱり? おなかいっぱい なのよね ホントは

そう考えるのもおすすめです。

ただし、「親だったら……」は禁物です。

なぜなら、対象を親にしてしまうと「親に嫌われたくない」とか「親に褒められたい」という過去からの感情が芽生えて判断がおかしくなるかもしれないからです。

でも、いちばん大切なのは……**あなたがどうしたいか**、で決めることです。

当然ですが、わたしも完璧な人間ではありません。だから過去に悩んだことはたくさんあります。わたしも以前は他人優先で人目ばかりを気にする人でした。

だけど、自分の気持ちを優先して、遠慮しないで生きていきたい。

そう、決められたのは、元心屋仁之助《こころやじんのすけ》さん（Ｊｉｎさん）こと佐伯仁志さんのおかげです。

「**どうしよう**」から「**どうしたい**」この世界にもスムーズに行けました。

遠慮なしに生きていくことは、ときには怖いことです。だけど、ここに許可ができたのもＪｉｎさんのおかげです。Ｊｉｎさんに出会えたことでわたしの世界は変わり始めました。見える世界がモノクロからカラーに変わりました。夜を生きていたわた

世界一伸びるストレ

中野ジェームズ修一 著

箱根駅伝を2連覇した青学大陸上
ルトレーナーによる新ストレッチ
体の硬い人も肩・腰・ひざが痛む
い「快適」な体は取り戻せる。

定価＝本体1300円＋税
978-4-7631-3522-3

コーヒーが冷めないう

川口俊和 著

「お願いします、あの日に戻らせてくだ
過去に戻れる喫茶店を訪れた4人の女
紡ぐ、家族と、愛と、後悔の物語。
シリーズ100万部突破のベストセラー

定価＝本体1300円＋税
978-4-7631-3507-0

血流がすべて解決する

堀江昭佳 著

出雲大社の表参道で90年続く漢方薬局の
のとれない薬剤師が教える、血流を改善して
病気を遠ざける画期的な健康法！

定価＝本体1300円＋税
978-4-7631-3536-0

いずれの書籍も電子版は以

楽天〈kobo〉、Kindle、Kinoppy、Apple Books、Boo

サンマーク出
ロング・ベスト

ご希望の本がお近くの書店にない場合は、小社ま
ご注文はインターネットでも
●ご注文はインターネットでも
http://www.sunmark.co.jp　携帯サイト htt
〒169-0075 東京都新宿区高田馬場2
tel.03-5272-3166 fax.03-5272-3167

Think clearly
最新の学術研究から導いた、よりよい人生を送るための思考法

ロルフ・ドベリ 著／安原実津 訳

世界29か国で話題の大ベストセラー！
世界のトップたちが選んだ最終結論―。
自分を守り、生き抜くためのメンタル技術！

定価＝本体1800円＋税
978-4-7631-3724-1

すみません、金利ってなんですか？

小林義崇 著

実生活で必ず見聞きする「お金の話」が2時間で
ざっとわかる！
世界一・基本的なお金の本！

定価＝本体1300円＋税
978-4-7631-3703-6

出版の
トセラー

でご注文ください。(送料別途)
承ります●
http://www.sunmark.jp
16-11

生き方

稲盛和夫 著

大きな夢をかなえ、たしかな人生を歩むために一番大切なのは、人間として正しい生き方をすること。二つの世界的大企業・京セラとKDDIを創業した当代随一の経営者がすべての人に贈る、渾身の人生哲学！

定価＝本体1700円＋税
978-4-7631-9543-2

スタンフォード式　最高の睡眠

西野精治 著

睡眠研究の世界最高峰、「スタンフォード大学」教授が伝授。

疲れがウソのようにとれるすごい眠り方！

定価＝本体1500円＋税
978-4-7631-3601-5

の電子書店で購読できます！
honto、BOOK☆WALKER、COCORO BOOKSほか

モデルが秘密にしたがる体幹リセットダイエット

佐久間健一 著

爆発的大反響！

テレビで超話題！芸能人も－17 kg !! －11 kg !!!

「頑張らなくていい」のにいつの間にかやせ体質に変わるすごいダイエット。

定価＝本体1000円＋税
978-4-7631-3621-3

ゼロトレ

石村友見 著

ニューヨークで話題の最強のダイエット法、ついに日本上陸！

縮んだ各部位を元（ゼロ）の位置に戻すだけでドラマチックにやせる画期的なダイエット法。

定価＝本体1200円＋税
978-4-7631-3692-3

見るだけで勝手に記憶力がよくなるドリル

池田義博 著

テレビで超話題！１日２問で脳が活性化！

「名前が覚えられない」「最近忘れっぽい」

「買い忘れが増えた」

こんな悩みをまるごと解消！

定価＝本体1300円＋税
978-4-7631-3762-3

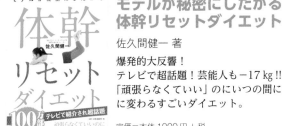

しが、朝も生きられるようになりました。

Ｊｉｎさんに人の痛みがわかるのは、Ｊｉｎさんもきっとたくさんの辛《つら》い経験をされているから。いつも「どうしたい」をやり続けて、わたしたちに、その背中を見せてくれます。

今でも判断に迷ったときは「Ｊｉｎさんならどうするかな」そう考えるだけで、迷いが消えて安心します。

クライアントさんにも、必ずわたしは「どうしたいですか？」とお聞きします。その答えはあなただけが知っています。

あなたが思い描いた未来に向かって遠慮なく進んでいきましょう。

どんな景色が見えますか？

どうしたい、はすでにあなたの中にある

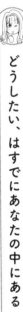

Chapter 2

自分でラベルを貼る人たち

MORIEMI

みんな誰かに愛されたい？

悩みは「愛の誤解」です。そう勘違いすることで始まっています。

多くのクライアントさんの悩みは「愛されていなかった」という誤解から生じています。だから「愛されたい！」と強く相手に求めてしまうことで苦しくなっていることがほとんどです。

でも、わたしたちは本来**「愛」**でしかありません。もともとが愛なんです。もともと愛されている存在です。だからね、ほんとうは、

「愛されたい」のではなく、「愛したい」のです。

誰かを愛することによって、**ほんとうは自分を愛したい**んです。

郵 便 は が き

料金受取人払郵便

新宿北局承認

8763

差出有効期間
2023年 3 月
31日まで
切手を貼らずに
お出しください。

169-8790

154

東京都新宿区
高田馬場2-16-11
高田馬場216ビル 5 F

サンマーク出版愛読者係行

ご 住 所	〒　　　　都道府県	
フリガナ		☎
お 名 前		(　　　)
電子メールアドレス		

ご記入されたご住所、お名前、メールアドレスなどは企画の参考、企画用アンケートの依頼、および商品情報の案内の目的にのみ使用するもので、他の目的では使用いたしません。
尚、下記をご希望の方には無料で郵送いたしますので、□欄に✓印を記入し投函して下さい。
□サンマーク出版発行図書目録

1 お買い求めいただいた本の名。

2 本書をお読みになった感想。

3 お買い求めになった書店名。

市・区・郡　　　　町・村　　　　書店

4 本書をお買い求めになった動機は?

・書店で見て　　・人にすすめられて
・新聞広告を見て(朝日・読売・毎日・日経・その他＝　　　　)
・雑誌広告を見て(掲載誌＝　　　　)
・その他(　　　　)

ご購読ありがとうございます。今後の出版物の参考とさせていただきますので、上記のアンケートにお答えください。**抽選で毎月10名の方に図書カード(1000円分)をお送りします。**なお、ご記入いただいた個人情報以外のデータは編集資料の他、広告に使用させていただく場合がございます。

5 下記、ご記入お願いします。

ご職業	1 会社員(業種　　) 2 自営業(業種　　) 3 公務員(職種　　) 4 学生(中・高・高専・大・専門・院) 5 主婦　6 その他(　　)		
性別	男 ・ 女	年齢	歳

何か足りない
ゲップ
何か欲しい
何か
愛されてない
寂しいの
むなしいの
なんでなんで
あ…
自分を
愛したい？

だから、わたしたちは悩みます。

過去の傷が今をつくっています。過去の嬉《うれ》しかったことが今をつくっています。自分を愛したいから、自分が愛されていると思えることを、人はやります。自分がしてほしいことをやります。


よく気にかけてくれる人は、気にかけてほしかった人。

美味《おい》しいものをたくさんくれる人は、美味しいものが欲しかった人。


あの人がしてくれることは、あの人がされて嬉しいこと。だけどそれは、自分にとって嬉しいカタチじゃなかったりしているだけで、ほんとうは愛なんです。


あなたの欲しいカタチで貰《もら》えなくても、それは愛です。

あなたに喜んでほしくてそうしてるだけです。ね、愛されてるでしょう?

そしてあなたも、相手に喜んでほしいから、自分にとって嬉しいことをします。だけど、それを受け取ってもらえないとき、「愛されなかった」と勘違いして、相手を恨んでしまったり、嫌いになってしまったりしてしまう。
そんなことが起きるのは、ほんとうはもっと相手を愛してあげたかったから、ほんとうはもっと自分を愛したかったからです。そして、それができなかった自分も許せなくなってしまいます。

自分が大切だから、もっと愛したいから悩んでいます。

だから、悩むことを嫌わないでね。
悩んだって大丈夫。

ほんとうは愛されてるって心から信じられれば、ほんとうは愛したかった、が溢《あふ》れてきます。

ほんとうは、みんな愛したい

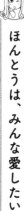

MORIEMI

素敵なラベルを貼りましょう

人には、与える人と受け取る人の2種類が存在します。

わたしはこれまで、多くの人と関わってきましたが、ほとんどが「受け取る人」でした。人からの愛情や行為を、まずは受け取ることから始める人。

ところが、惜しみなく愛もお金も与えられる人がいます。

そして、信じて愛してくれる人がいます。

わたしにとって、ふふさんは、そういうことがさり気なくできる人なのです。

この本の漫画やイラストを描いてくださっているふふさんこと野崎ふみこさん。わたしはこれまで、ふふさんに、どれだけ与えていただいたか、どれだけ寄り添ってもらったか、どれだけの愛を貰ったことか。数え切れません。今度はわたしがふふさんに与える番になりたいです。

美人
モテモテ
かわいい
きゃっ
一生お金に困らない
あげまん
金持ち
きゃーーー
美乳
太らない
NICEBODY
美脚
うふふ
HAPPY
おそぶ
お芋
ねる
ごはん
おかわり
おやつ

ふふさんのように、ずっと与えられる人は器が大きいし、与えるたびにさらに器が大きくなります。そういう人は、次からはぜひ受け取ってください。そうすることでますます器が大きくなります。

そんな、ふふさんと、2組の夫婦4人で食事をする機会がありました。お喋《しゃべ》りしてるのは常にわたしとふふさんでした（笑）。その中で漫画家・野崎ふみこと、占い師・もりえみ。このラベルを貼り替えちゃおうか！　そんな話で盛り上がりました。

ミリオンセラー作家　野崎ふみこ
ミリオンセラー作家　もりえみ

わー、いいね！　うんうん、全然悪くない。

決めるのは自分。決めるからこそ、そう見えてくることってあると思うのです。

主婦　野崎ふみこ
主婦　もりえみ

これも確かにそうだけれど……そうつけたら、そうなる。

なりきったもの勝ち、です。なりきって生活をしていれば、そのような意識で行動も変わってきます。例えば、あなたが売れっ子セラピストになりたいなら、すでに売れているテイで行動すればいいのです。映画監督になりたいなら、そういうラベルを貼ってみるだけ。

オレンジジュースやシュワシュワのサイダー、それともシャンパンにする？

まるで飲み物や食べ物を選ぶみたいに簡単に選んでいいんです。

ただそうしてみる。簡単なことです。難しく考えず、面白がって、さらっと行動に移してみてください。

そうしたら、毎日の見えてくる景色だって変わっていきます。

同じ貼るなら素敵なラベルを貼ろう！

体と感情の関係とは？

体と感情って、とてもよくつながっています。

例えば、「声」が出なくなる人がいます。言いたいことが言えなくて、言葉を呑《の》み込みすぎるから話せなくなったり、それが原因で喘息《ぜんそく》になったりする人もいます。人とコミュニケーションをとりたくなくて、話せなくなっている場合もあります。

「耳」が聞こえなくなる人は、聞きたくない話をいっぱい聞いてるんです。だからもう聞かなくていいよって耳が聞こえなくなっていったりする傾向があります。

「目」も見たくもないものを見続けていると、視力が低下したり、痛みが出て見えにくくなったりします。

日本語には、体の部分を盛り込んだ言葉がたくさんあります。

・鼻につく……うっとうしくて嫌になること
・口は禍《わざわい》のもと……不用意な発言が思いがけない災難を招く
・腰が低い……他人に対してへりくだりの気持ちがある
・頭にくる……怒りで興奮してかっとなる
・腹が立つ……怒りの感情が生じること

挙げればキリがありません。昔の人は体と感情のつながりを知っていたからこそ言葉を生み出したんでしょうね。

次ページ以降、代表的な感情による体の変化を挙げてみました。体の痛みや変調は、それが出た瞬間、体からの「休んだほうがいいよ」のメッセージだと思うのです。ぜひ意識してみてください。

勝手に自分に変なラベルを貼って偽っていると、症状が出やすくなりますよ。

頭

いつも、まわりのことばかり考えていませんか？

頭の中がグルグルして考えがまとまらない……。

それは、もう一度「**自分の人生を見直してみて**」というメッセージです。

人生は一度きり、自分優先で生きてもいいのです。

ほんとうは自分の意見を通したいけれどできないとき、頭痛に悩まされることが多いものです。

自分の意見を叶《かな》えてあげてください。

考えすぎちゃうのは、まわりを気にしているからです。

まわりを気にする思いが湧いてきたら、まずは小さなことから始めましょう。

あー
頭がぐるぐるして
止まらないい～
大夫ちゃん
アハハハ
考えるの
やめれば
いいのよ

目

目の不調のメッセージは、大体1か月くらい前の出来事までさかのぼってみてほしいのです。

それは**「ちゃんと相手を選んでね」**というメッセージです。

見たくない体の現れからくる**「ちゃんと見て」**ということ。

慎重に決めなきゃならないことが、そのときにあったはずです。

人生の道を間違えそうなときに体がメッセージをくれます。

目に炎症が出たときは、見たくないものを見ているときです。

そんなときは、親・目上の人・先輩・上司などと話してみることをおすすめします。

つまり先をいく人とつながることが大切だったりするのです。

どうも最近目が…
ショボショボ
見たいものちゃんと見てる?

鼻

鼻からのメッセージは「**最近不満だったことがありましたか？**」です。
きっと嫌気がさすようなことがあったはずです。
まわりのことは気にしないことをおすすめします。
もしかしたら自分のことをいちばん気にしているのは自分かもしれません。
今からできることは、あなたの素敵なところを自分が認めて知ってあげることです。
あなたの魅力は、どんなところですか？
そこを自分に伝えてあげてください。
すねたくなるのは、それが原因かもしれません。

すねてないで
出ておいで
えっ
なんで
わかるんだ〜、

口

口からのメッセージは「**言葉に気をつけて**」です。

口は「禍のもと」になりやすいものです。

自分が言われたい言葉を口にしてみてくださいね。

ほんとうは言いたいことが心の中に溜《た》まっていて、我慢しているときに咳《せき》が出たりします。

言葉を出してあげてくださいね。

今からできることは、思った言葉をすぐに出してみること。

ぜひ、やってみてください。

ゴホッ
ゴホン
あー咳
止まらね
ゴホゲホ…
あら何か
我慢してるの？

耳

耳が聞こえにくくなるのは、人の話を聴きたくないときに表れるメッセージです。

「あなたが聴きたくないものは聴かなくてもいいよ」

そうやって体が守ってくれています。

「必要のないものは聞き流しなさい」というメッセージです。

今からできることは、あなたが聴きたいものを優先してみること。

自分のことを守ってあげることです。

例えばイヤホンをして聴きたい音楽を聴く。

テレビを見る、映画を観に行くでもかまいません。

まずは自分が聴きたい音を感じてみてくださいね。

ちょっと!
ちゃんと
聞いてる?
今日は
保育園
お迎えと
ごはんと
そうじも
頼みたいんだけど
オレの耳
必要なことしか
聞こえないんだ
よねー
フフイ
キャ
キャ

MORIEMI

小さなことを毎日叶える

これはChapter４の「お金」のところにもつながる話ですが、お金との付き合い方が上手な人は、無駄なことにお金を使いません。それはケチとかではなく、大切な自分のために、大切な人やもののために、ちゃんと使っているということです。

とりあえず買う、じゃなくて、ちゃんと選んで買うことをおすすめします。

洋服も、これでいいやじゃなくて、これが欲しい！　と思うものを買う。安いからたくさん買えるからって、あまり気に入ってない服を5枚買うより、１枚ほんとうに素敵な服を買う。

食べ物だって、コンビニで安いからこっちを買おうじゃなくて、ほんとうに食べたいものを選ぶ。１００均だって、ちゃんと自分の好きなものを選べばいい。いちいち、ほんとうに欲しいものを選んでいく。

あ ケーキが食べたい
ふと…
有名パティシエのお店が近くにできたよ
行く?
うーん そのケーキじゃないんだよな
じゃ コンビニで話題のスイーツとか
いや 違う
もういい 帰ろう
えみのケーキが食べたい!
ビンゴ! 美味ーい
ふっ
わたしのホットケーキがいいのね

せっかく大切なお金を、時間を、大切な自分のために「今」使うんです。とりあえずじゃなくて、ちゃんと選べば、すごく満たされます。満たされているとすべてが幸せな世界になります。

わたしは毎日、朝コーヒーを飲む時間が大好きです。あー、幸せ♡

そのほかにも、ラーメンが食べられて幸せ♡　ふわふわのタオルを買ったときもとっても満たされました。だって使うたびにふわふわで、あーーー、ほんと、幸せ〜♡ってなるし、綺麗《きれい》に使おうって思えます。

ある日、家族でお買い物に行ったとき、ずっと気になっていたクッションに、試しに座ってみました。うわっ、これは即買い！（笑）。いっしょにいた大ちゃんにも「いる？」って聞いたら、「欲しいけど、クッションにこの値段？」と言うので、「欲しいものに条件はいりません。いるか、いらないか。どっちなの？」そうしたら、いるって（笑）。

値段はただの数字です。いちばん欲しいものが手に入れば満足します。欲しくないもので満たそうとするから、また欲しくなるんです。

ふと浮かんだことを自分のために叶えてあげる。ふと、どこかに行きたいな、と思ったら、ただ行くことを考える。毎日、いつも自分のために叶えていく。未来のために我慢する必要はありません。今どうしたい？　今何食べたい？　そうすることで常に自分を幸せにしてあげられます。自分を幸せにできるのはあなただけです。

大切なあなたを大切に扱う。
大切なあなたを幸せにする。

あなたが幸せに感じることはどんなことですか？
そのために、いちいちあなたの気持ちを叶えてあげよう。
そうすれば、ますます自分を大好きになるし、それはまわりも幸せにします。

自分を幸せにできるのは「あなた」だけ

MORIEMI

頭で決めていませんか？

何かを決めるとき。
何かをやりたいと思っても、頭で決めていませんか？
やりたいからやる。心のままに決めてみる、ただそれだけ。
失敗するのが怖い？　損をするのが怖い？　正しさや常識で考えていませんか？

失敗したくないと思うと、大きな成功も手に入らない。
損をしたくないって思うと、大きな豊かさも入ってこない。

あなたに喜びを感じさせてあげられるのは、あなただけです。
その世界へあなたを連れていけるのもあなただけ。
人生は自分が思い描いたとおりになります。今のあなたは自分が選択しています。

彼と結婚決めましたT大出ですよ○○省ですよ母親が喜んじゃってもー
アハハ
新居は彼の親が都心のマンション買ってくれるの
やだー玉の輿《こし》ってやつー?幸せー
アハハ
じゃ何で泣いてるの?
え何でわかるんですか
…好きな人がいますフリーターの作家志望の
言っていい?言っちゃうよ!

占い師になるって思ったらそうなるし、作家になるって思ったらそうなります。
それを心から信じている自分がいれば、そうなります。
作家になるならこうするべき、こうなるべき、ではなく、ただ「本を出したい！」
それだけでいい。

鑑定でもいつもお伝えしているのは、あなたがどうしたいか？
あなたがやりたいか、やりたくないか。ただそれだけです。

「言っていい？　言っちゃうよ！」

うまくいくならやります、じゃなくて。うまくいかなくてもやる。
それが正解です！　自分が選んだことが正解なのです！

あなたはどんな世界を信じてますか？
あなたはどんな世界を生きたいですか？

世間の常識や、誰かの評価も、結果もいらない。
認めてあげるのは自分だけ。あなたの願いを叶えられるのは、あなただけです。

もし、深い悲しみや怒りがあったとしても、それで終わりにしないでください。諦めないで。欲しいと思ったら、手に入れてあげてください。手に入れる努力をしてあげてください。あなたが諦めないことは、まわりに勇気を与えたり、愛を与えたりすることになります。

あなたの中で何か叶えたいことや、望む未来が出てきたら、それをわたしに聞かせてください。絶対叶えられるから。

自分らしく生きることを今すぐ許可してね。

心のままに決めてみるとうまくいくよ

Chapter 3

楽になって、よかったね

わたしが対面しないわけ

この章では、実際に鑑定したクライアントさんで、掲載許可をいただいた方の事例をご紹介しつつ、「音」を視《み》ながら、問題は何なのか、その問題とどう向き合って本人が解決していけばいいのか、その流れみたいなものを味わっていただければと思います。

わたしが鑑定をするとき、ほとんど対面をしないのには理由があります。

目の前で泣かれてしまうと放っておけなくなってしまう、というのもありますが、いちばんの理由は、クライアントさんが自分を偽ってしまうから。

人前で泣くことができない人は、思考が入って、「大丈夫です。平気です」と、自分にささやかな嘘《うそ》をついたり、誤魔化したりしてしまいます。

クライアントさんが隠していても、わたしには「音」でわかるし、その人に入った

もりえみさんと話してみたかったんです
ありがとう大丈夫？
え？ 何が？ 大丈夫ですよ 元気です
元気じゃないよね
元気ですよ 元気じゃないのは子どもです わたしのことはどうでもよくて
どうでもいい人なんてひとりもいないよ
……
聞くよ話して あなたはもう大丈夫

らすべて視えてしまいますが、偽ることで流れが変わってしまいます。

そうすると、どんどんボタンをかけ違えていって、せっかくの時間なのにお互いにとってよいものが得られなくなってしまうので、基本対面での鑑定はしていません。

電話をするときは、クライアントさんも、ひとりの空間にいることが多いので、心を開きやすくなります。

また家族や友だちなどは、わたしの心が入ってしまうので視えなくしています。

こうなってほしいとか、ああなってほしいとか。人は変えられないよって言ってるのに、自分は変えようとしてしまったり、余計なお節介で言いたくなったりしてしまうこともあります。それが人間らしくて面白いなって思いますけど（笑）。

だから近しい人のことも基本、視ないようにしています。


「糸が絡まっているよ、解《ほど》いたほうがいいよ〜」


わたしは鑑定のとき、そのことをお伝えします。

その人のどこが「**絡まっていて**」どんなふうに「**解けるのか**」。

わたしと会う（つながる）ことによって、眼鏡屋さんでレンズを1枚ずつはめたり、外したりしていくみたいな感じ。

「それ、違うのはめてるよ、こっちだよ」って、心の眼鏡の調整をしていく感じです。

過去はいらないから過去の話も聴きません。過去のいらないもの、過去の誤解が悩みになっているだけだから。

未来は自分が思い描いたままの世界、わたしはそんなふうにとらえています。未来が楽しみで、生きているのが楽しい。そんな人生を送りたいですよね。

あなたもきっとそうしたいはず。そうさせてあげてください。

だから、やっぱり大切なのは「**今、どうしたい？**」。

絡まった心の糸は必ず解けるよ

お母さんに愛されたい

恋愛で悩んでいる女性がいました。

旦那さんはいますが、長い間、不倫関係の相手がいます。旦那さんとは別れる気はないけれど、不倫相手ともうまくいかせたい。

「そのためには、どうしたらいいでしょうか？」が悩みのポイントでした。

「何か愛されていない気がするのです。出会った頃は1日にたくさんメールをくれていましたが、今はほとんどくれなくなりました」

「へーっ、でも、すごいじゃないですか。今も毎日くれているなんて。毎日メールをしない人もたくさんいますよ。〝ある〟って大切なことですよ」

「ほかに女性がいる気がして……。ちょっと直感で、もりえみ先生に電話しました」

毎回、そんな調子の会話が続きます。

不倫の彼が…
子どもが引きこもりで…
母がいつも…
わたし誰にも愛されてないんです
まてまてよく見て！

もともと最初のご相談は母親との関係についてでした。

「わたし、お母さんに愛されていない気がするんです」

自分が幼少期から母親とどんな関係だったのかを話します。確かに、彼女の言葉だけを借りるなら、心の隙間を埋めてくれるほどの関係性ではなかったかもしれません。

何度もかけてくださった電話の中で、「では、こうしてみたらいかがですか？」とお伝えしても、「無理、無理、無理！　絶対に無理です」と一向に母親と向き合うことをしません。

意を決して母親に会いに行っても、また落ち込んで帰ってきます。

「やっぱり、わたしは愛されていませんでした。会いに行っても飲み物すら出してくれなかったんです……」

〝ある〟ものではなく、〝ない〟ものばかりに心が引っ張られてしまいます。

彼女の長男は中学生で不登校でした。息子との関係もうまくいっていません。糸は絡まり、すぐには解けなくなっています。勝手な思い込みによる母親との満たされない気持ちが、息子との関係性をもややこしくしてしまっています。

おまけに、そこに不倫関係の男性への思いが輪をかけるように被《かぶ》さっているのですから、本人からすると、もう何が原因なのか、まったく見えなくなっています。

「先生、聴いてください。今日はすごい悩みがあります。彼からいつもより1時間も遅い時間にメールがきて、しかも、スタンプだけだったんです。どう思いますか？」

「えーーーーっ、知らーん」

そう心で思いながら、わたしは思わず笑ってしまいました。でも、彼女の声から、彼自身の愛情もちゃんと感じ取れたので、

「大丈夫、彼もあなたのことをちゃんと好きでいてくれているから信じようよ」

わたしは信じることだけをお伝えします。


このクライアントさんのように、カタチを変えて同じことをずっと悩んでいる人は多いです。それをわたしはくり返し、形状記憶するようにお伝えしていきます。

すごく細かいプリーツのスカート。あれを定期的にクリーニングに出していたら、いつも綺麗《きれい》なプリーツができますよね。でも、プリーツがなくなってしまった状態から、元に戻すのはちょっと時間がかかります。それと同じです。

そして悩んでいる人の多くは、「悩んでいるほうが愛される」という勘違いを無意識にしている場合がとても多いです。ご本人はもちろん、そんなことを思っているとは考えてもいません。

でも、ほんとうは悩んでいるほうがメリットがあると思っているのです。話を聴いてくれる。心配してもらえる。気にかけてもらえる。

だから、どれだけ「それ、勘違いですよ」とお伝えしても、今の現実を信じていたい、それが本音だったりします。悩んでいたいんです。

わたしはご相談を問題だと思っていないので、その人にとって、それが幸せならそれでいいと思います。

こういう方や、男性の場合は「好きな人」の存在で変わることが多いです。「あの人がそう言うなら、嫌だけど変えてみようかな」となりやすいんです。ただ、好きすぎて、よい方向に行くときと、変な方向に行くときがありますが(笑)。自分の好きな人との出会いですごく変わることもあります。男性は特に。

「大丈夫です！　早く彼女つくって、その人に言葉を貰《もら》ってください！」とお伝えして、あっという間に鑑定が終わることが多いものです（笑）。

「もう、わたし、しんどいです。もう生き辛《づら》いんです。えみさん、変えてください」

そういう方には、わたしもどうしたらよいか、お伝えしていきます。

はっきり言うね！　言っちゃうね！

悩んでいなくても、頼っていいし、甘えていい。守られていい。悩むことでつながろうとしなくても、あなたは何でも許されている存在です。

どんな自分も許して、もっと楽に見てあげようね

どうにかなるって、やってみて！

パートナーとの悩みに苦しむ人はあとを絶ちません。

特に夫婦関係にある人たちは、２人のあいだに日々の暮らしが伴うので、本来はあなたが担うはずの役割を相手に押し付けたり、相手に過剰に望んだりすることでバランスが崩れてしまいがちです。

10組の夫婦がいたら10とおりの解決方法があるので、答えは決してひとつではありませんが、対処法を間違えている人たちも少なくありません。

「わたしが何とかしなければ……」

そう言いながら電話をしてきた女性。わたしは第一声を聴いてすぐに、彼女がまったく逆のことをやろうとしていることに気がつきました。

何か問題が起きると**「どうにかしなくちゃと思う人」**と**「どうにかなると思う人」**がセットになっていることがとても多いのです。

どうにか
しなくちゃさん
どうにかなるくん
えっ具合いが
悪いの？
会社がつぶれた？
借金がある？
たいへんだわ！
もー…
わかった
わたしが
どうにかする
わたしが頑張れば
わたしが頑張れば
わたしが頑張れば
彼のため！
ごめーん
すまーん
わたしが！
わたしが！
ダメンズの
つくり方。

「どうにかしなくちゃと思う人」が、妙な責任感で動き始めることで、相手は逆の行動に出てしまいます。「どうにかなると思う人」が何もしなくなるのです。

ご相談をしてきた女性の旦那さんがうつ病になったそうです。仕事も休みがちになってきてどうしようと。ところが、彼女の声を聴いていると、「自分がどうにかできる」「どうにかしなきゃ」と思っていることがわかりました。だからこの現象が起きています。このままだと旦那さんの状況が悪化するのが視えました。

「うつになった旦那さんでも、『大丈夫、どうにかしてくれるから』って思ってみてはいかがですか？」

「えっ？　そんなこと……」

「あなたどうするの？　大丈夫なの？　どうして仕事に行けないの？　なんていうのは禁句ですよ。相手は『心配してもらえる』『僕が会社に行かなければ妻が働いてくれる』くらい思ってしまうから」

自分がするんじゃなくて、旦那さんに解決してもらうこと。だって、彼はもともと「どうにかなると思う人」なのですから。だから、そのチャンスを奪わないこと。

「この人はうつ病になって仕事もできない男」と見るのではなく、

「どうにかしてくれる人」

そう信じましょう。いっそのこと旦那さんのマネをしてみるのです。マネをするというのは、どうにかしようとするのではなく、旦那さんのように、どうにかなることを信じて、いつもどおりの生活を心がけるということ。過剰に反応して、相手に居心地がよすぎると感じさせないことです。

もし、旦那さんが仕事をしないのなら、あなたも家事をやめる、とか。

「あなたがしないから、わたしもしな〜〜〜い！」

くらいの気持ちで臨んだほうが現状は好転しますよ、とお話ししました。

最初のうちは力が入ってしまうかもしれないけれど、お互いのバランスを知れば、きっと、そんなに落ち込むことじゃないって気づいてくれるはずです。

まずは信じることから始めてみて！

我慢している人に反応する体の部分とは？

前章でも書きましたが、わたしたちの体の部分と感情は、つながり合っています。

あなたが毎日、どんなことを思い、どんな心の状態でいるのかが、体全体にも影響していきます。わたしも小さい頃、特殊な能力を封じ込めたくて、目も耳も鼻も悪くなりました。


旦那さんと娘さんの3人で暮らす女性は、いつも被害妄想で悩まされています。

わたしとつながって数年たちますが、

「わたしの知らないところで何かされている」

毎回、そんな妄想に取りつかれています。

彼女は最近、大腸の手術をして退院したばかりです。そのまま放置していれば、死に至るかもしれなかったほどの病です。ところが、そんな話など簡単にスルーして、

わたしはいつも
のけ者なの
会社でも
アハハ
ワハハ
やだパパー
アハハ
家でも
イタイ
おなかが
あああ…
たいへん
救急車！
ピーポー
搬送先が
見つかりません！
ピーポー
病院でも⁉

いつもの妄想が始まります。

「最近の娘は、どうも夫と親密すぎるくらい仲よくしています」

「娘もちょっと露出気味な格好で部屋の中を歩いて、旦那を誘惑しているような気がして心配で……」

彼女の声からご家族を視てみると、何の問題もない父娘関係です。むしろ、母親を気づかって、少しでも家の中を明るくしようとしている気持ちさえ視えてきました。

「絶対に、そんなことないですよ」

「そうですかねぇ……」

一瞬わかって安心しても、日を置いてふたたびの電話では、

「やっぱりわたし、必要とされていない感じがするんです。家族のLINEグループにも入れられていないみたいですし……」

それって、ただ旦那さんと娘さんがLINEしているだけの話です。

結局、彼女は「誰からも愛されていない」という埋められない感情を、ほかの男性に求め、不倫に走ろうとしますが、もちろんそちらもうまくいくはずはありません。

ずっと、そのパターンのくり返しで、自分で自分に我慢をし続けています。

我慢する気持ちが溜《た》まりに溜まると、ほぼ間違いなく「大腸」にきます。いつもトイレを我慢する人は日常の中でも我慢することが多いので「腸」にきます。生き生きと我慢せず人生を楽しんでいる人で、大腸を悪くした人を見たことがありません。


病は大切なメッセージです。その人の性格や感情と大きくつながっています。

そして、この方の場合も被害妄想癖の原因は、やはり母親との関係性が大本でした。

それも「**愛されてこなかった**」という思い込み。それが「わたしさえいなければ」という気持ちで心を歪《ゆが》ませていたのでした。

感情は溜めないことが肝心です

MORIEMI

環境から始まる未来のお話

わたしたちにとって、環境はとても大切なものです。あなたはどんな場所に居たいですか？　どんな景色が見えて、どんな家具で、どんな人と、何をしていますか？

子育ても一段落した女性からのご相談でした。

「今、三重に住んでいて、大阪に引っ越すかどうか悩んでいます。大阪には母親が住む実家があるのですが、三重の家は購入してしまっているので……」

「えっ？　どうして？」

わたしはすぐに聞きました。家を購入してしまったら引っ越しできないと決めつけている理由をもっと知りたかったのです。

「買っちゃった家のローンは残っているし。実は長女だけ、大阪でひとり暮らしをする母のところにいるのですが、わたしの弟が母親の家に同居したいと言っているので、

このマンションに何年住む？
一生でしょ ローンあるし
……
ニャンニャン♥
あ 猫飼いたかったんだ わたし
そっ言えば
ニャン
ニャン
ニャン
ニャン
引っ越そう！
じゃまず どうする？
ワクワク

長女をこっち（三重）に戻さなくちゃいけなくなっちゃって。どうすればいいのか」

彼女の言葉を聴く時点で、もう答えが出ています。そして、彼女の言葉がもつ「音」から、わたしには「起業」というワードが感じられました。彼女が三重県で購入した家は、普通に不動産屋さんにお願いすれば、購入価格よりも高く売れそうなことも「音」からわかりました。

家は大きな買い物です。現金一括で購入できるものではありませんから、行動範囲まで無意識に狭まってしまうことがあります。

「今日は、はっきり言いますね。あなたは大阪に行ったら、もっと幸せになりますよ。一生、今の住まいで暮らしたいですか？」

「一生は暮らさないと思います」

「じゃあ20年は住む？」

「さすがに20年はいないと思います」

「じゃあ、20年いないんだったら、何年いますか？　10年？　5年？」

「いいえ、3年かなぁ……」

「なんだ3年だったら、今引っ越しても変わらないですよね？（笑）」

もし、彼女が三重県にいて、このまま暮らしていても、今と何も変わらない毎日でしょう。でも、大阪では起業してばりばり好きなことをして、お金も入ってきて、母親や家族とも近くに居られて、今よりもっと幸せになることがわたしには視えました。

「起業してみたかったんです！」

「では大阪の家の1階をサロンにして、家族がそこをとおらなくても済むように別々の玄関にしてみるとか」

「わっ、そういうサロンって夢でした！」

「それなら賃貸とか建売ではないですよね。やっぱり自分の家が必要ですよ」

「わたし、決めました！　今からお金を貯《た》めて、1年後に大阪に引っ越します」

答えを出したのは彼女です。最高のビジョンを見てしまったらそう決めるだけです。

「言葉」からきっかけを見つけ、未来をお伝えするのもわたしの仕事です。

あなたは、どんな環境で楽しみたい？

霊的なご相談について

わたしは基本的には霊的なご相談はお断りしています。

例えば、黒魔術的なもの（笑）。

「あの人を陥れたいです。どうしたらいいですか？」

呪っている時点で、自分自身が引っ張られています。

それ、全部自分に返ってくるので、おすすめしません。


生き霊や、呪縛霊みたいなものもわかりますが、わかっても、ご供養の仕方など専門外ですし、わたし自身それに引っ張られてしまって、数日とても苦しくなるので、そういうご相談もお断りしています。

生き霊については、普通に過ごしていて、憑《つ》かれてしまう人をわたしは見たことがありません。

愛されてない
人はいません
守護霊とか
ホーリー
スピリットとか
精霊とか
天使とか
ハイヤー
セルフとか
e.t.c.
わたしにも
ばあやが
……あ

何でもそうですが、全部、自分から先に発しています。それなりのことをしていないと生き霊にも憑かれません。人の悪口を常に言っているとか。これも自分に返ってきているだけです。もし、「わたしは何もしていないのに」という場合は、嫉妬が原因のことが多いです。

人探しなども、過去にいくつかご相談を受けましたが、これらもお断りすることが多いです。よい結果にならないことを、わたしは自分の口に言わせたくないというのもあります。

人の守護霊などは視えませんが、いると思っています。愛がなければわたしたちは生まれてきていませんし、そんな存在にも常に愛されています。だけど、わたしたちは今、ここで生きているので、別に守護霊とかにも拘《こだわ》る必要はないと思っています。

わたしにもそういう存在はいます。

わたしの場合は、杖《つえ》を突いてうつむいているお婆《ばあ》さん。婆やと呼んでいます（笑）。

ただ、最近、ずっとお婆さんだと思っていたその存在は、だんだんわたしとの距離が近づいてきていて、ちょっとずつ顔が見えるようになってきたら、どうやらそんなに歳をとっていなさそう？

もしかすると、お婆さんだと思っているその存在は、わたし自身なのかもしれないって、この頃ちょっと思ったりしています。

わたしも自分自身のことは視えないので（笑）、ちょっと迷ったときなどはそういう存在に聞いてみたりします。そうすると、いちばんいいメッセージやヒントをくれたりします。それを使って自分が楽になったり、安心したりするなら、あなたもそんな存在と交信してみるのもいいですね。

視えない存在とはうまく付き合うことが大切

Chapter 4

大切な「お金」の話をするね

もっと「お金」を受け取ろう

わたしは仕事をすることが大好きです。起業塾も開催しています。

だけど、「お金を稼ごう」じゃなくて**「受け取ろうよ♡」**みたいな軽い感じです。

お金の入り口は結局、２つです。受け取るのはいっしょなんだけど、自分で働くか、誰かから貰《もら》うか。でも、そのどちらも、

「自分が素晴らしいから、ただ受け取る」

それだけです。自分が自分を素晴らしいって思っていたら、必要な分は絶対入ってきます。お金をちょうだいって言える人は神レベルだと思います（笑）。そういう人はお金に困りません。だって貰えばいいと思っているから。

親にお金貰っちゃった
へへへ
えっ大人なのに?
ご馳走《ちそう》して貰った
へへ
コレも買ってくれた
大ちゃんはよく貰うねえ
アハハ
だってオレだもん
フフフ
それが何か?
似合うなー
ハハハ
受け取りの神

うちの大ちゃんはまさに神レベルです。大ちゃんは結婚前に親にお金を借りていたり、今でも普通にお金を貰います。わたしは「もう、大人なのに？」と思っていましたが、大ちゃんには全然その気持ちがありません。彼の両親といっしょに食事に行っても、わたしなら、いつ払おうとか落ち着きませんが、大ちゃんはいつも普通に奢《おご》ってもらいます。

「ごちそうさまー」

「貰いまーす」

「いただきまーす」

わたしは自分のお母さんにお金をあげたり、買ってあげたりすることは簡単にできるけれど、お母さんが大切にしているお金を貰うのは怖くてできませんでした。自分の常識と真逆の人に出会って感動です。大ちゃんみたいに、甘え上手、受け取り上手になったら、もっともっと最強になるんだろうなぁって思います。

あなたが欲しいものは何ですか？　それを買うために、今、我慢していたり、今、貯金していたりしませんか？　だったらそれ、すぐ手に入れましょう。

例えば、エルメスのバーキンが欲しいから、今から毎月10万円ずつ貯金して、2年後に買うなら、今すぐ手に入れても同じです。だって払うのは同じだから。貯《た》めて買うのか、借りて買うのか、貰って買うのか、それだけの違いです。

欲しいって思ったら、ほんとうは手に入るはずなのに、もし今ないなら、欲しいって甘えてないから貰えてないだけです。

「だって何もしてないのに、貰えない」

そう条件をつけているのはあなたです。

ないなら頼ってみて、甘えてみて、信じてみて、助けてと言ってみて。

自分で何とかしようとするから、そういう現実が起きているだけです。そして、我慢を続けると、結局それを言わされる現実が起きてきます。だから、しんどくなる前に、言ってみて。

お金は、ただ受け取るもの

あなたには価値があります。自分と相手を信じていれば大丈夫。

受け取るお金は「覚悟」で決まる？

わたしにはお金は「**生きもの**」みたいなイメージです。入ってきたら使う。入ってきたら、はい、使う。入って使う、使う、使うっていう感じです。

神社に行ったとき、お賽銭《さいせん》箱に1万円を入れました。

1万円入れたら、戻ってくるんだよね？

お願いごとを叶《かな》えてもらうために入れるんだよね。

いいえ、ただお財布にあったから入れただけです。なかったら入れない。それだけです。寄付や募金も同じです。あるからする。それだけです。

お金＝愛だと思っているので、お金は大切な人に、大切なものに使うだけです。

プルプル…
あれもこれも
パンパン!!
ハロー
一万を何卒《なにとぞ》何百倍に〜
風がどっちに吹くかは神のみぞ知る
ウフフ

「クライアントさんにお金を払わせてあげるんだよ。ラッキーじゃない？」

そうわたしが言ったとき、友だちは驚いていました。

だって、払っているその人も、あるからお金が払えます。そして、自分に価値があるから、そのお金が払えるっていうことです。わたしに払っているようで、実はクライアントさん自身にその価値があるから払っているんです。

自分に価値がないと思っていたら、500円でも払えないかもしれません。お金を払う人は、価値ある大切な自分のために使っているのです。

起業って、起業している人が、自分の価値を提供してお金を受け取るということだけれど、クライアントさんにも、お金を払うことでクライアントさんご自身の価値を受け取ってもらう機会を提供しているということでもあります。

起業するには自分自身に向き合うことがたくさんあります。そういう意味では覚悟は必要かもしれません。

見なくてもいいところも見たりするし、見たくない自分を見ることにもなります。

恥ずかしい自分だって見るかもしれません。起業をするって全部の自分を認めることです。

お金を稼ぎたいと思っていたけれど、その理由に気づけたり、目立ちたいって思っていたけれどほんとうの意味に気づけたり。ほんとうは起業することが望みじゃないってわかったり。向き合うことで、たくさんの自分を知ることができます。

だけど、お金を受け取ることに覚悟はいりません。

あなたは存在しているだけで価値があります。

お金と愛はセットです。お金を受け取るのに覚悟がいるなら、それは愛されていないと勘違いしていることです。だから、愛もお金も簡単に手にしよう。

お金と愛はセットだからもっと簡単に受け取ろう

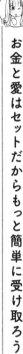

MORIEMI

宝くじに当たった人はほんとうに不幸になるの？

いきなり大金を手にして、右往左往した気持ちのまま電話で、わたしとつながる人がいます。遺産の相続などでそうなった人もいれば、宝くじなどで、大金を手にした人もいました。

ある日、高額当選をしたことで、親戚と揉《も》めに揉めた末にわたしとつながった女性は、とにかく声も暗く、疲れ果てた様子でした。

優しい旦那さんは、「よかったね。君の好きに使ったらいいよ」と言ってくれたそうで、彼女は自由にそのお金を使っていたそうです。

ところが、そんな動きが親戚のあいだで揉めごととなりました。

「親戚の叔母さんからお金を取り戻したいのですが、どう思いますか？」

「取られた」という表現が、すでにおかしいですね。

不幸
多いんだ
大金=不幸
イメージの人
お金持ち=家庭不和も…
それヤキモチ
じゃんね
大金や幸せが
羨ましいだけ
羨ましいなら
大金も幸せも
欲しいって
言えば
いいのに
チョーダイ！
出た
受け取りの神
オレは
えみが
いれば
幸せ❤
叶えてる人

わたしはちょっと意地悪な質問をしてみました。

「もし、ほんとうに取られたと思うなら、取り返せばいいじゃないですか？」

「叔母が嫌いだから、もうこれで縁を切りたいと思って。お金を返してもらってから……」

「では、取り返しましょう」

「でも……それじゃ冷たくないですか？　取っちゃうなんて……」

あれ？　ちょっとおかしい。どうやら現実は違うようです。お金を取られたのではなく、彼女のほうから、どんどんお金を渡していたのだという事実が視《み》えてきました。

「結局は自分のお金でしょ？　どうしてあげたんですか？」

「叔母さんが喜んでいるから……」

最初は少しでも叔母さんに喜んでほしかったのでしょう。いきなり大金を手にして気持ちが大きくなったのか、彼女は言われるままにどんどん叔母に貢ぎました。

「でも、ここまで全部取られると思わなかったから……。許せなくなったんです」

よくメディアなどで、宝くじで高額のお金を手にした人は不幸になる、と取り上げられたりしています。そういう情報を見て、簡単に大金を手にしたら奪われる、不幸になると思い込んでしまう人が、結果大金を手にしたとき、そちらの現実が叶ってしまっているのだと思います。

だけど、実際は大金を手にして幸せになっている人もたくさんいると思います。幸せになった人はあえて、大金を手にしたことを人に話していないから、わたしたちが知らないだけでしょう。

この女性はきっと、大金を手にしたら奪われる、そう思っていたのが叶ったのだと思います。ご相談くださったときは、すでに所持金が残り僅かになっていたとか。

使う人の前提で、お金が怖いものに変わってしまうこともあります。

お金は使い方によって意味が変わる

もっと簡単に稼いでもいいんだよ

誰でも簡単にお金持ちになる方法、それは自分で起業することです。雇われていたら決まった金額しか入ってこないけれど、自分で起業すると全部、逆になります。

節約するのではなく、投資する。

会社に収入を決められるのではなく、自分で決める。

上司の言うことを聞くのではなく、自分のやりたいことをやる。

今までと逆のことをやれば、自然とうまくいきます。

とっても簡単です。難しいと思っているから、難しいことが起きてるだけ。

簡単だって思ったら、簡単を見つけられます。

わたしは今「起業塾」という連続講座を開催しています。

自分で起業したい人たちが集まっていますが、

起業したいけど
わたしには無理
だと思うんです
起業 無理
無理なら
やめよう
でも
やりたいことが
あるんです
でも無理～
見方を
変えたら？
起業 簡単
あ…
何か…
まずは
そこから

「やりたければ、やればいいじゃん。」

「稼ぎたければ、稼げばいいじゃん。」

そう思っています。

職種もバラエティーに溢《あふ》れていて、カメラマン、スタイリスト、ファッションコーディネーター、デザイナー、カウンセラーなど。それぞれが自分のできることやスキルを生かして、それを仕事にしています。

「えっ？　そんなことを仕事にしてもいいの？」

だけど、あなたが簡単にできるそれが、誰かにとっては全然できなくて、お金を払ってでもやってもらいたいことだったりします。それをやっていたら、お金がついてきた。そんな感じです。

お金があることが絶対的な価値ではないけれど、お金になるということは、その活動をもっと続けていけるということです。それって幸せなことじゃないですか？

あなたには絶対に才能があります。好きと得意、天職と適職があります。

好きなことをお金にすること、お金にしないこと。
得意なことをお金にすること、お金にしないこと。

どちらもあなたが選んでいい。
わたしは一度、すべてを許可するやり方をおすすめしています。一度やってみて、お金にしていくと決めてもいいし、やっぱりやめたって思ってもいい。

一度決めたから最後までやらなきゃ、もいりません。責任なんて取らなくていい。
人生は一度きりです。あなたがやりたいか、やりたくないか、それだけです。
あなたが望むことをやればいい！

すべてを許可して簡単に稼いでいいよ

MORIEMI

もう苦労とか努力はいりません

わたしは今も株をやっています。始めた理由は面白そうだから。
実際にやってみて……ほんとうに面白い！
クリックひとつでお金があっという間にプラスになったり、マイナスになったり。
一瞬でも迷っているうちに、さっきまで〝あった〟お金がなくなったりします。

わたしのお金に対する概念も吹っ飛びました（笑）。
株は大革命を起こすものだと思います。
生きてきた中でいちばんやってよかったと思っています。

このワンクリックで利益が出る、出ないっていう世界。
自分の力ではどうにもならないことを知ってしまいました。

頑張れば
頑張れば
頑張れば…
ハァハァ
ひょいっ
はい
お金って
いうのはね
頑張って
節約して
歯を食いしばって
苦労して努力してこそ
頑張ったお金も
貰ったお金も
お金の価値は
同じだよ?

自分が頑張らないとお金を得られないいって、ただの勘違いでしかありません。苦労して手に入れるなんて株の世界では通用しません。多少の勉強はしましたが、努力も必要ありません。

株価が上がって、売ろうかな、どうしようかなって考えているほんの少しのあいだにも増えたり減ったりします。売った利益であれ買おうかな、なんて考えているうちに株価が下がったり。だから、何か欲しいって思ったときは、考えるんじゃなくて、欲しいって思った瞬間に買ったほうがいい。考えるって時間の無駄。つまり損しているることに気づきました。

「損したくない」っていう前提を持っていると、株なんて絶対できません。

そもそも損したくないって思ってる時点で、損しています（笑）。

マイナスになるならやらない、と思っていたら、いつまでたってもプラスにはなりません。その時点でマイナスになっていることに気づいてほしいです。

株は利益を得るとき、手数料を支払うし、税金も払います。だから、取られることにフォーカスせず、利益だけにフォーカスすることをおすすめします。

わたしは経済を回す、というより、すべてはゲームみたいなイメージです。

１００万円を、ただそのまま持ち続けるか、それを資金にして、運よく２００万円になるか、80万円になるか。現状を維持するか、経験をとるか。

マイナスになることを受け入れたら、お金は放っておけば増えていきます。

どちらが正しい、なんてないけれど、やってみたらあなたもお金の概念が変わること間違いなしです。

株も起業も、あなたがやってみたかったら、ただやればいい。それだけです。

お金の概念をぶっ壊そう

「ありがとう」を循環させる

感謝ってするものじゃなくて、溢《あふ》れるもの。

よくそう言いますけど、ほんとうにそう思います。

あなたのできないことをやってくれる人がいる。

あなたができない、助けてっていうことを、簡単にやってくれる人がいる。

仕事ってそういうことで成り立っています。あなたができないって頼ってくれるから、その仕事がある。あなたができないって頼ってくれたら、嬉《うれ》しい人がいる。

あなたが喜ぶ姿をみんな見たいんです。あなたがお母さんを喜ばせたかったみたいに、あなたのことを喜ばせたい人がいます。


あなたができないことを言うことで、ありがとうが生まれます。

あなたができることをやることで、ありがとうが生まれます。

あー
絵が描けない
描いて
描くよ
文章も苦手
書いて
書くよ
本出したい
んです
出そうか
ありがとう！
読んでくれて
ありがとう❤

ある日、友だちと話していたとき、「もりえみって、『ありがとう』って言わせるのがうまいよね」と言われました。

「え？　ありがとうって言わせようとか、そんなこと全然、思ってないんだけど……」

彼女曰《いわ》く、

「感謝ってほんとうは思っていても、照れくさかったりして、なかなか口に出せないことがあるんだよね。だけど、もりえみといると惜しみなくたくさん、これでもか！　っていうくらい『ありがとう』って言ってくれるから、自然にこっちまで『ありがとう』って言いたくなる。感謝を自然に言わせてくれるから、また、もりえみに会いたくなる。

ほんとうは人って愛だから。感謝って愛だから。感謝させてもらえるって、愛させてもらえるって感じるから。自分が感謝を与えられる側になれることが、すごく嬉しくて、その経験が欲しくて、またみんな、もりえみに会いたくなるんだよね」

わたしはお金でも何でも、あるものはあげたくなっちゃうので、そんなことを考えたこともなかったけれど、「ありがとう」も、ほんとうにそう思うから、ついつい言っちゃいます。


わたしに出会ってくれてありがとう。

わたしとつながってくれてありがとう。

わたしを頼ってくれてありがとう。

わたしに言ってくれてありがとう。


嬉しいことも、悲しいことも、全部経験させてくれてありがとう。

言わせてくれてありがとう。

そうやって「ありがとう」って自然に循環していくもの。感謝を言葉にするとあなたの〝たましい〟が喜びます。

「ありがとう」が回ればみんな幸せ

MORIEMI

お金を手にできない人の共通点

お金に対するイメージや価値観は、ほとんどが親や生活環境からの思い込みです。

「お金とは？」と、あなたの親に聞いたらなんて言うと思いますか？

苦労して手に入れるもの。
努力して手に入れるもの。
汗水たらして手に入れるもの。
たくさんあったら奪われるもの。

それは全部あなたの思い込みです。
その思い込みがあると、お金を手にすることができない現実が起きます。

…お金がない…人生が辛い
もういや…
うん そう思っていればそうなるね
思いが現実化してるだけ
じゃ その思いを変えたらどうなる？
パッ
えっ そういうこと？
そういうことです

お金を手にできない人は、きっと小さかったとき、お金で傷ついたから。その出来事がとっても辛《つら》かったんだと思います。でも、それはもう過去のこと。

お金があっても、もう不幸にならないから大丈夫です。

「お金は簡単に手にできるもの」

こう思ってみませんか？

愛する人が簡単に手にできるもの。

愛する人が簡単にくれるもの。

お金って生きてるプレゼントだとわたしは思っているので、お金を動かして、与えて、喜んでいて、楽しそうな人のところで、たくさん回っている気がします。

大きな得もあるし、大きな損もある。

どちらかだけは無理です。両方受け入れると決めた瞬間に、お金持ちにもなれるし貧乏になることもある。よい方だけ欲しいと思うから、反対の現実が起こります。

あなたが大切だと思うことに、大切だと思う人に、お金が増えても減っても、使えること。それがお金を手にする方法だと思います。

幸せもそう。常に両方あります。例えば、かわいいペットを飼いたい。飼ったらとても幸せ。だけどペットが病気になったり、死んじゃったりしたら悲しい。だから飼わない。そう決めることもできます。

だけど、飼ってみたらペットがいる幸せを感じられるし、もしペットが病気になったりして落ち込んだときに、人の温かさを知ることもあります。それは飼ってみたから経験できることです。

それが人生を楽しむことだと思います。それが豊かさだと思います。

お金は楽しそうな人のところで回っている

付録

人生が
もっと輝く
もりえみワーク

ワーク1

憧れの人みたいに絶対になれるワーク

どんな人に憧れますか？　今から2年後、あんなふうになれたらいいなと思うこと、それを体験しているときの、感情と感覚を3か月ごとに書いてみてください。今、それが現実になっているように書くのがポイントです。わたしみたいに書いてみてね。

（例）2023年6月
1000人規模のセミナーをやっている！　どきどき♡

（例）2023年3月
次々と本が出版される！　ワクワク♡

（例）2022年12月
起業塾メンバーのホームページをつくる。幸せ♡

（例）2022年9月
フードバンクのための家を建てる。愛の循環ふわふわ♡

（例）2022年6月
いろいろな著者とつながってコラボで本を出す！　楽しい♡

（例）２０２２年３月
ピンクの車をオーダーする！　面白い♡

（例）２０２１年12月
占いの漫画が決まる！　感動♡

（例）２０２１年９月
新しい講座をどんどん提案！　嬉《うれ》しい♡

（例）２０２１年６月
今活動していることをブログに書く

このように、2年後にはこうすると決めて、どんどん未来から辿《たど》ってくることで、1年後、半年後、3か月後、そして今やることが自然と見えてきます。

今やることがわかったら、それをやって、途中に書いたことで、今できそうなことがあれば、それをどんどんやっていきましょう。

このワークを定期的にやってみると、以前書いたものが予想より早く叶《かな》っているということもたくさん出てきます。

今から2年後のあなたは、あの憧れの人みたいになっています。
そういう設定で書いてみてね。
憧れのその人だったら、という設定で日々を過ごしてみると絶対叶えられるからやってみて。

ワーク2

感謝のワーク

あなたはすでに満たされている世界にいます。

朝、起きた瞬間から愛に溢《あふ》れた世界が広がっています。

起き上がろうとしたときに、自分で起きられる体があることに、ありがとう。もし自分で起き上がれないなら、それを手伝ってくれる人がいることに、ありがとう。

冬なら、自分を暖かく包んでくれる布団があってありがたい。ありがとう。

夏なら、エアコンで快適にしてくれてありがたい。ありがとう。

そんな感謝のアイテムを大切にしてみましょう。


自分の体を大切に扱ってみたり、サポートしてくれる人にありがとうを伝えたり。

布団を干してみたり、洗ってみたり。

エアコンのフィルターを掃除してみたり。

普通のこと、あたりまえに思っていることって、ほんとうはとてもすごいこと。ボタンひとつでお湯が沸いたり、コーヒーが飲めたり。ご飯を食べられることもほんとうはすごいこと。歯を磨く歯ブラシも、洗面所もトイレも、あたりまえに使っているけれど、快適ですごいこと。

こんなふうに書き出したら、ページ数がいくらあっても足りないので、この辺でやめておきますが（笑）。すべて、あなただけではできません。わたしたちはいろんな人やものに支えられて生きているということです。

何より、あなたが今生きているのは、あなたの親があってのことです。

それらに気づいて感謝して生きていくと、すべてがうまくいきます。

例としてわたしも書くので、あなたも書いてみてね。

実母（のりこ）

信頼してすべてできる子として見てくれてありがとう。全肯定の神

実父（さかえ）
どんなわたしでも大好きでいてくれてありがとう。愛の神
父（かずひこ）
わたしの存在を常に高評価してくれてありがとう。高評価の神
旦那（大ちゃん）
あり得ない世界をある世界に変えてくれてありがとう。チェンジの神
妹（みさ）
おねえちゃんなら何でもできると常に言ってくれたわたしのメンターで宝物。ありがとう。ほんとうの神
長女
相談して解決してくれる人と頼ってくれてありがとう。理解の神
次女
傷つかないようにいつも思いやってくれてありがとう。心の神
三女
自由人、信頼して何でも言ってくれてありがとう。自由の神

四女

何でも叶えられると思って楽しくいてくれてありがとう。すべて叶う神

あなたも感謝を、親、パートナー、子ども、兄弟姉妹、仲間、友だち……と順番に書いていくと、いろんな神が、すでに、たくさんまわりにいたことに気づきます。そして、それを認めれば「**すべてこれでいい**」ということが見えてきます。

つまり「**何も問題ない**」「**悩みなんてない**」ということです。

そして感謝のワークを書き終わったらよーく見てください。そこに書き出されているのは、すべてあなたです。あなたに対して、**みんながそう思っている**、ということです。すべてが鏡の世界です。

あなたがこんなに素敵で、思いやりがあったり、優しかったり、面白かったり。そろそろ全部、受け入れて認めてみませんか？

感謝のワーク。

これは**愛するあなたから、愛されているあなたへのギフト**です。

ワーク3

お金がたくさん入ってくるワーク

お金がたくさん入ってきたら、あなたは何がしたいですか？
もしも、10億円入ってきたら、何を買いますか？　10個書き出してみてください。

①　家族みんなで住める豪邸を買う
②　ブランド物を全身、身にまとう
③　お手伝いさんを毎日頼む
④　月に1回、好きな人を旅行に招待する
⑤　自社ビルを買う
⑥　占い漫画をつくる
⑦　本の広告を常に打つ
⑧　フードバンクを設立して、鑑定で得た利益を全部そこに使う

⑨ 完璧なホームページをつくる
⑩ 全国の会いたい人に会いに行く

わたしはこんな感じになりました。あなたはどうでしたか？
その中で、今すぐできるものがあるはずです。
例えば、わたしの場合なら、

⑥ 占い漫画をつくる
⑦ 本の広告を常に打つ
⑨ 完璧なホームページをつくる
⑩ 全国の会いたい人に会いに行く

今すぐにできることが４つもありました！

あなたもたくさんお金が入ってくる設定で、お金があったらやってみたいことを、今からやってみましょう。わたしも今日からこの４つをやっていきます。

お金のワークで、お金が入ってくる道をつくってあげてね

Epilogue

さいごに

…トン
トン
トン
トン
ハロー
ハロー
どうした?
あ
あの
えっと
あの・・・

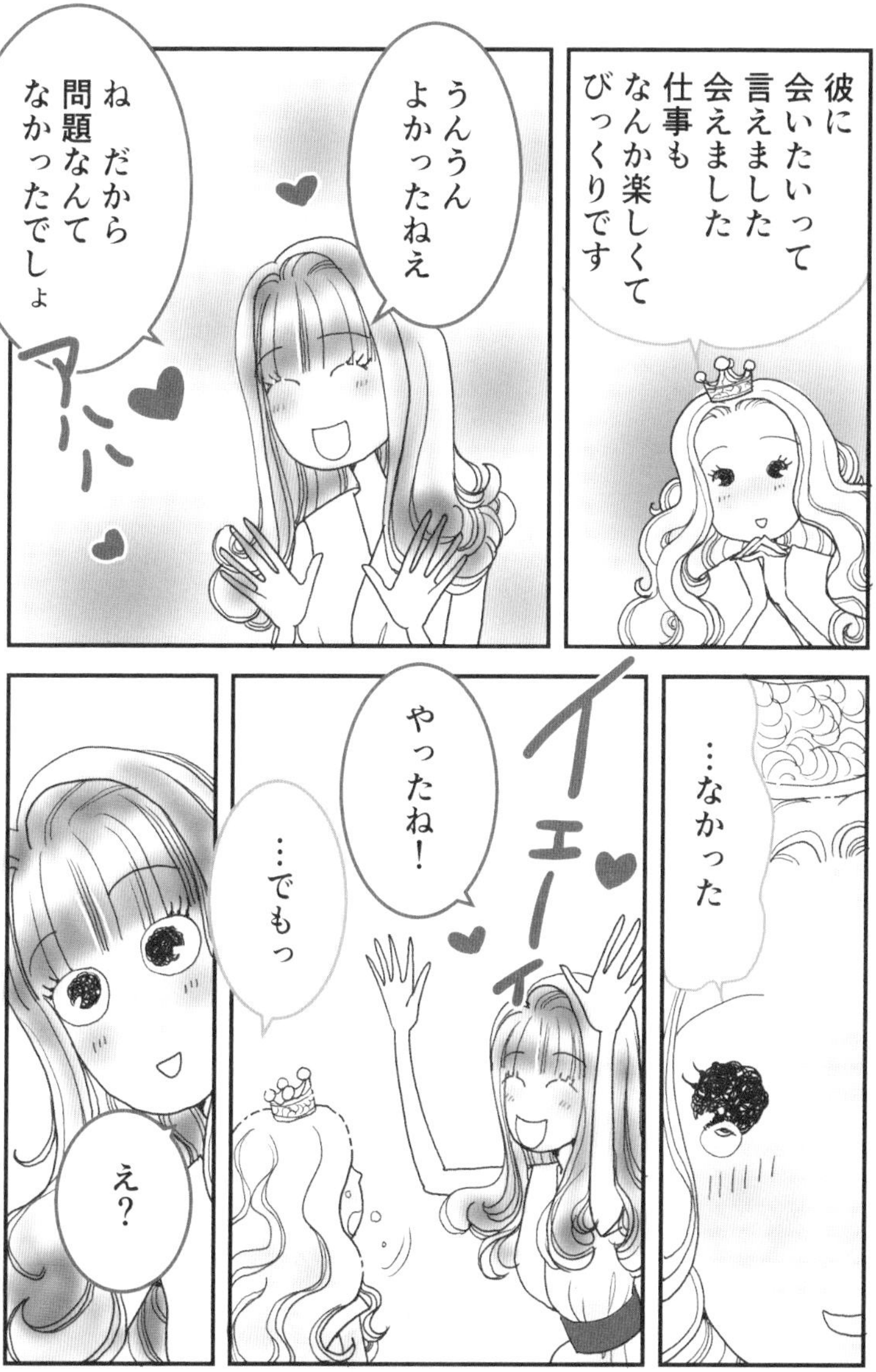
彼に会いたいって言えました
会えました
仕事もなんか楽しくて
びっくりです
うんうん
よかったねえ
ね　だから問題なんてなかったでしょ
アハハ
…なかった
イエーイ
やったね!
…でもっ
え?

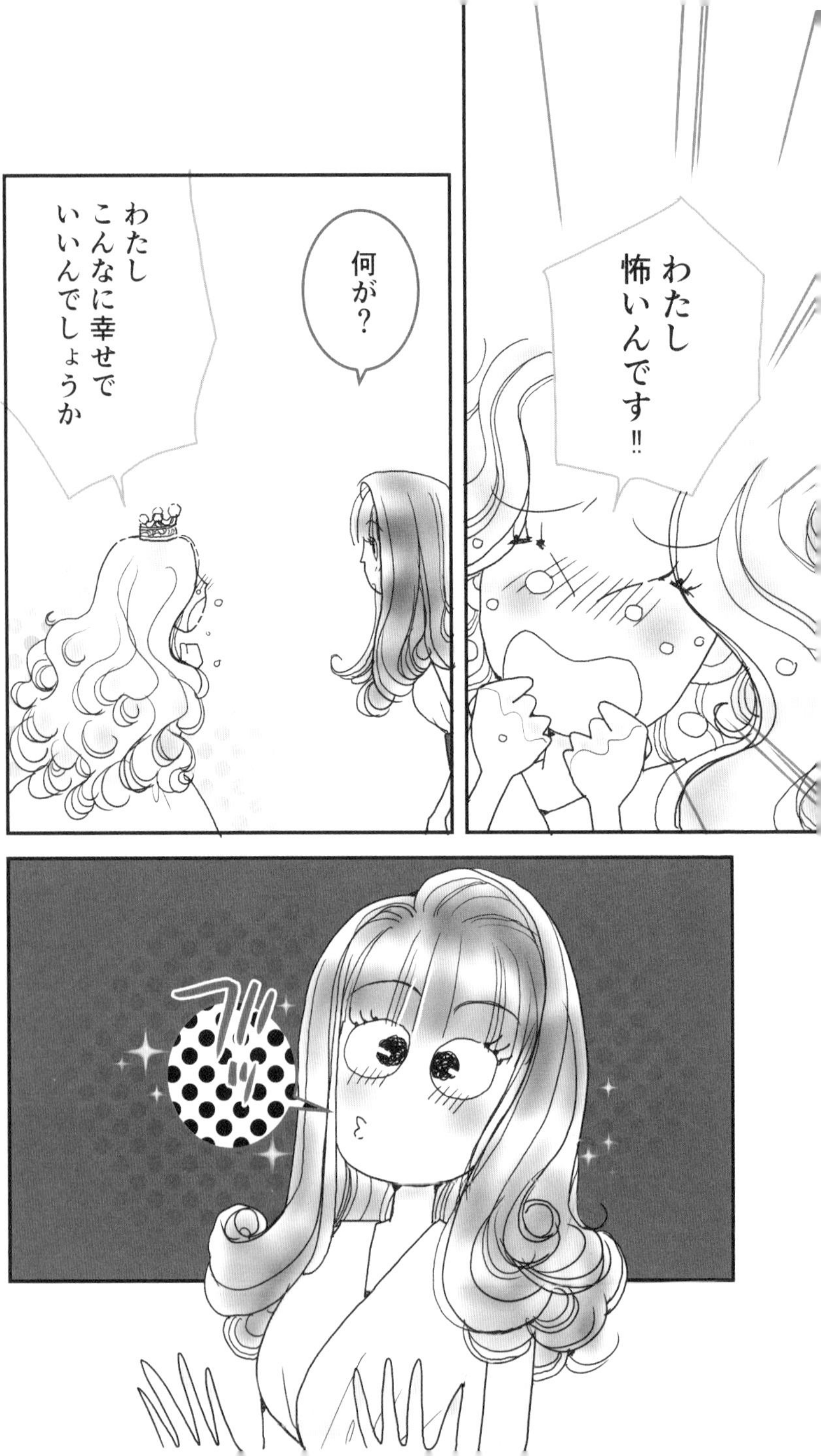
わたし
怖いんです!!
何が?
わたし
こんなに幸せで
いいんでしょうか
ブッ

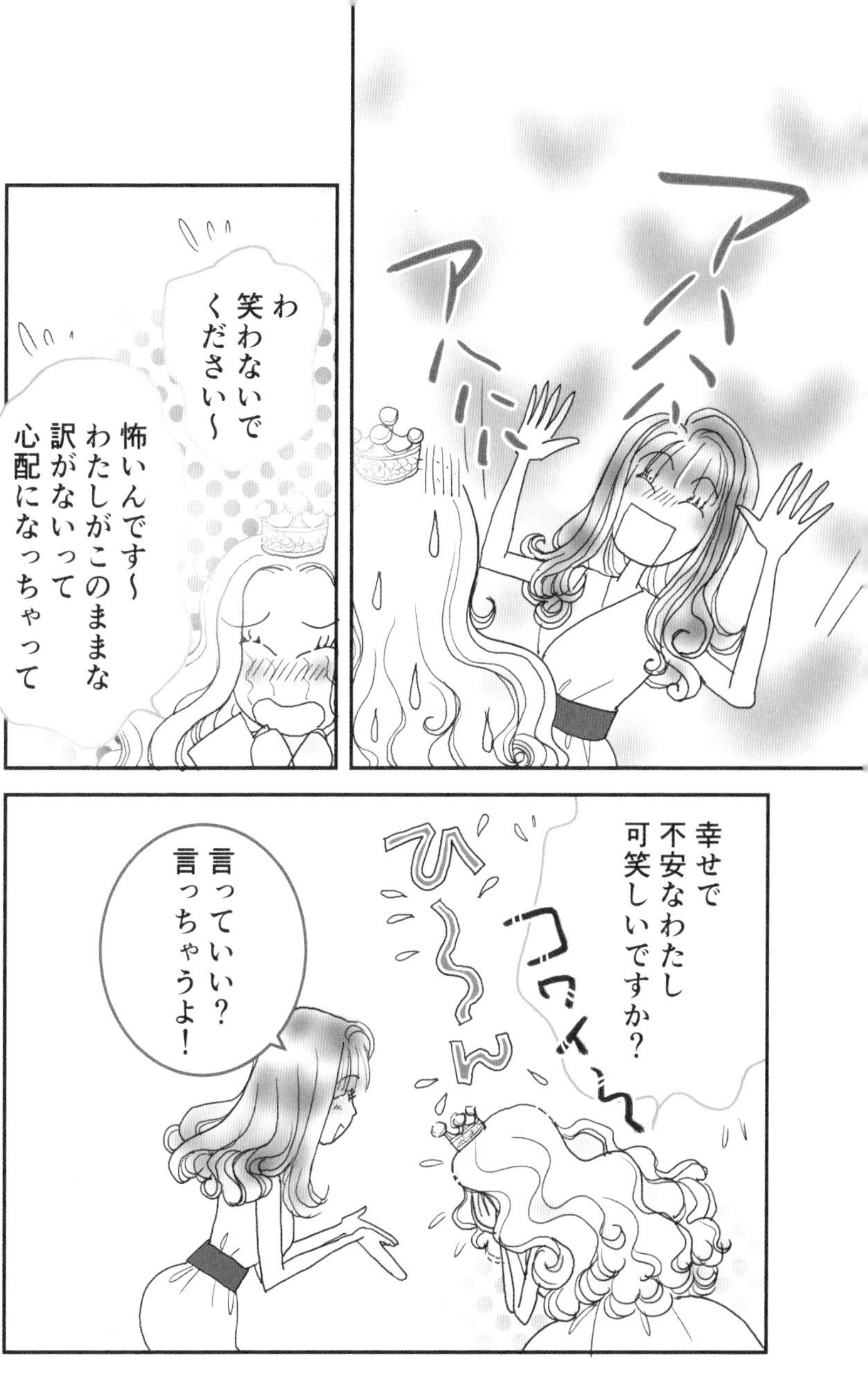
アハハ
アハハ
わ
笑わないでくださいい～
怖いんです～
わたしがこのままな訳がないって心配になっちゃって
幸せで不安なわたし可笑しいですか？
ひ～ん
コワイ～
言っていい？
言っちゃうよ！

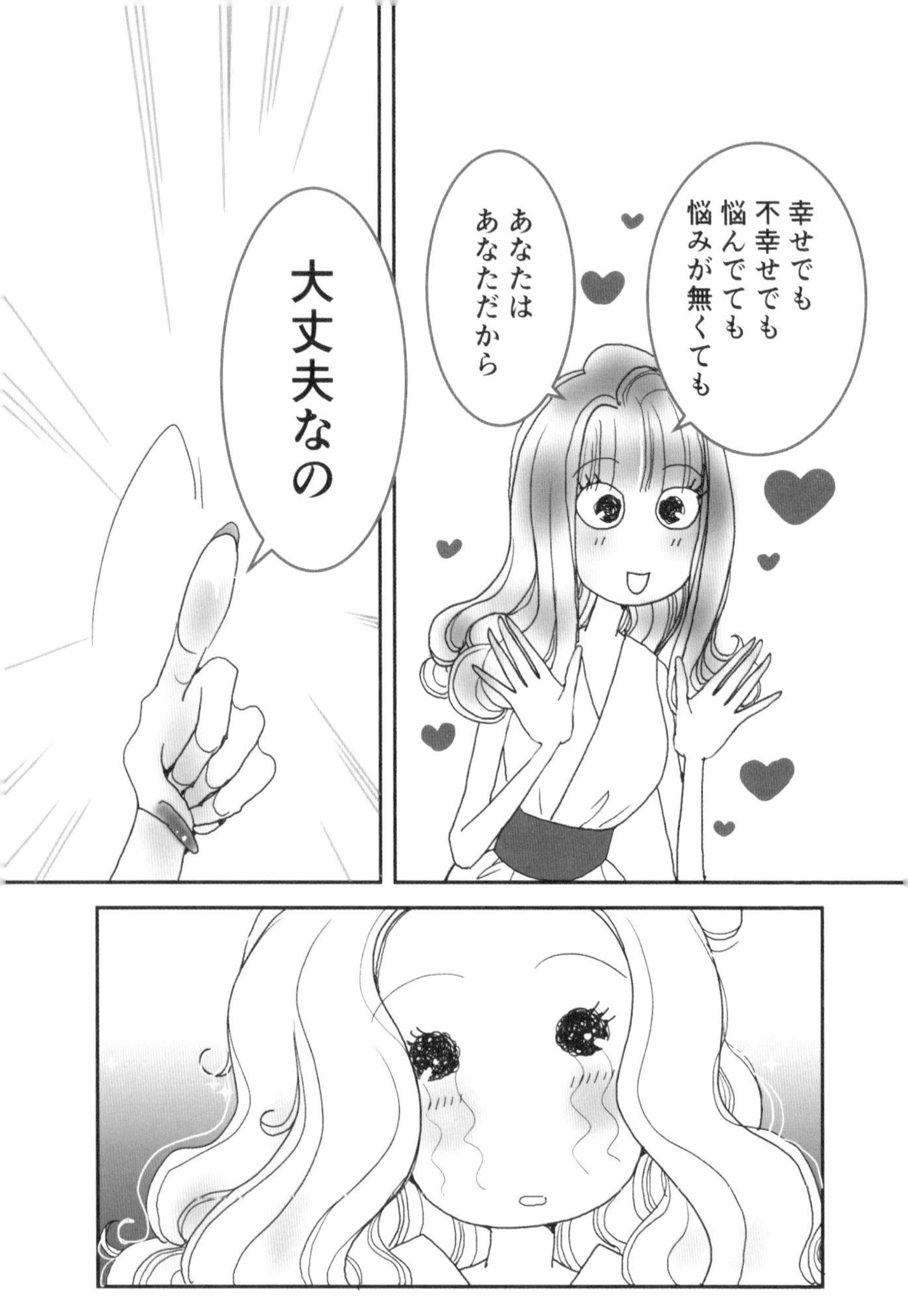
幸せでも不幸せでも悩んでても悩みが無くても
あなたはあなただから
大丈夫なの

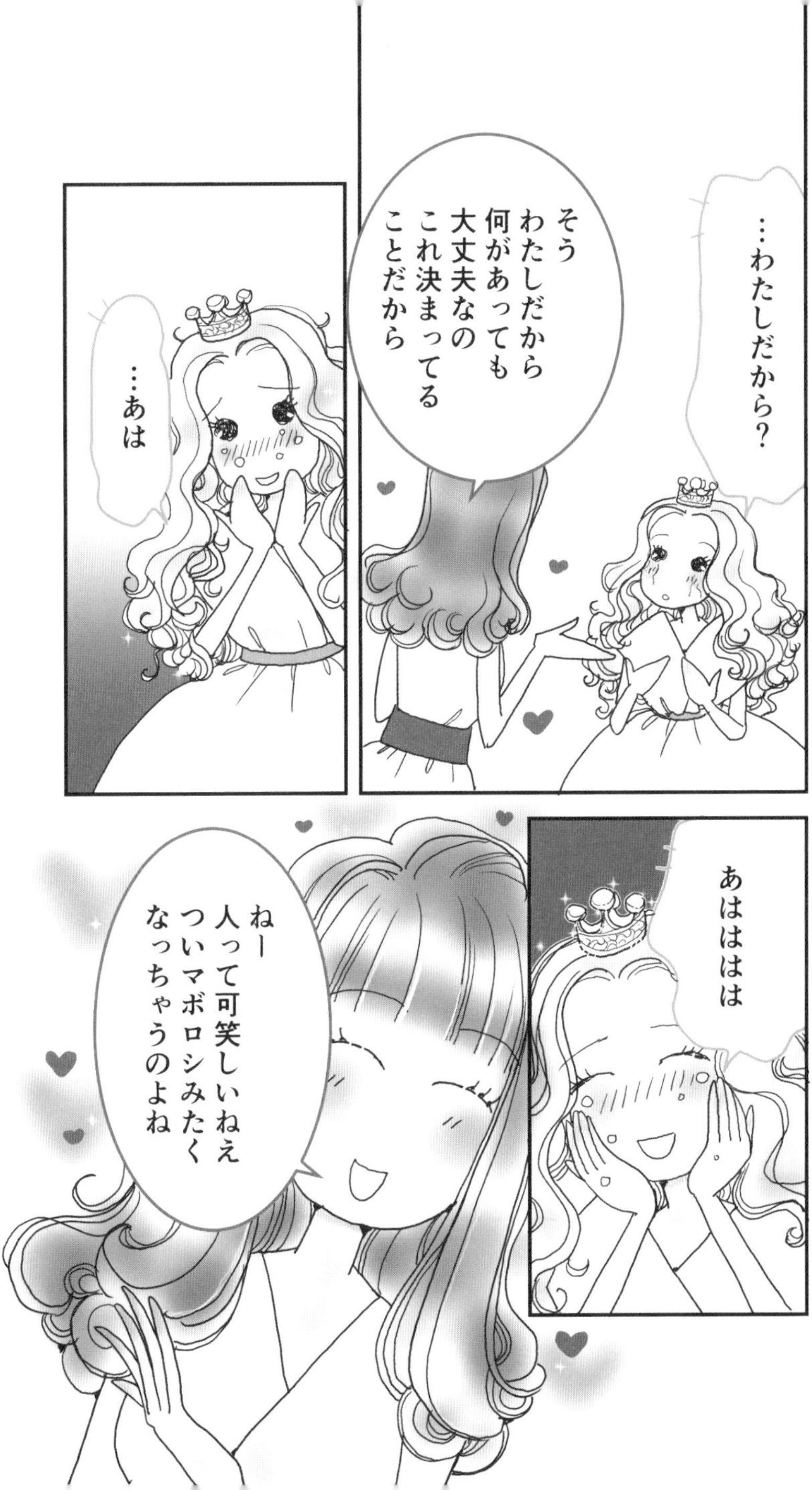
…わたしだから？
そう
わたしだから
何があっても
大丈夫なの
これ決まってる
ことだから
…あは
あははは
ねー
人って可笑しいねえ
ついマボロシみたく
なっちゃうのよね

あははは
マボロシいや〜
あはは…
アハハハ
アハハ
―輝いていない人はいないのよ

この本を手に取ってくださり、ここまで読んでいただき、ほんとうにありがとうございます。

「もりえみ」という名前で活動を始めて3年がたちます。これまで17歳から、何度も名前を変えて鑑定してきました。その理由に「ゼロからでも、何度でもやり直せる」ことを証明したかった、というのがあります。そして現実にそれを叶《かな》えてきた今、しばらくは「もりえみ」として生きていこうと決めました。


世間的には認知度はまだ低い「もりえみ」ですが、そんなわたしを信頼してくださり、この本を企画、編集してくださった鈴木七沖さんに心から感謝しています。本づくりを進めていく中で、いろいろな無理難題にもご尽力くださったことも、ほんとうにありがとうございます。

サンマーク出版の佐藤理恵さん。いろんなことに具体的なご意見をくださったり、アイデアをたくさんくださったり、ありがとうございます。

尊敬する野崎ふみこさん。たくさんの漫画や絵を素敵にかわいく描いてくれて、ほんとうにありがとうございます。そして、わたしの過去や未来を常に光の視点で見てくれてありがとう。ふふさんのおかげで、わたしはやっと生まれ変われました。「もりえみ」を作品にしていく中で、いつもわたしに寄り添ってくれて、大切にしてくれて、いつもほんとうにありがとう。

友人のなかむらじゅんこさん。この本の原稿をまとめる作業をいっしょにしてくれて、ほんとうに、ほんとうにありがとう。じゅんじゅんがいなかったら、ここまで素晴らしいものにまとめることはできなかった！　じゅんじゅんあってのこの本です。これからもいっしょにやっていきたいと思っているのでよろしくね。

元心屋塾長小林威之《たけゆき》さん。コバはいつも困ったときに絶対に助けてくれる人。温かくて優しいブログを見て、いちばん初めに「会ってみたい、つながってみたい」と思った人でした。大きな決断のときにいつも聞いてくれてありがとう。今回の出版にあたり快く「できることは何でも言ってね」と言ってくれたのがほんとうに嬉《うれ》しかったです。この本の「憧れの人みたいに絶対になれるワーク」もコバから教えてもらった大好きなワークです。ありがとうございます。

ケプリさん。いつも笑顔で、そして楽しそうにお話ししてくださって、ほんとうに世界が開けました。ケプリさんに会ってから、わたしはすべての言葉を受け入れると決めました。その瞬間から、すべてそうなっていきました。褒められても受け取っていないことに全然気づいていませんでした。「魅力を隠そうとしても隠せてないよ」と、ズバリ図星なことを笑いながら言うところが、わたしの鑑定と同じで（笑）面白かったです。ほんとうにありがとうございます。

また、起業塾のメンバーや家族や友人たちも、ずっと応援してくれてほんとうにありがとう。

そして……元心屋仁之助ことＪｉｎさん（佐伯仁志さん）。

これまでも、たくさん、わたしの思い込みを外してくれたＪｉｎさんでしたが、この本を書いているとき「泣く」ことに許可ができたのもＪｉｎさんのおかげでした。

わたしは、泣いたらダメだと思って生きてきたので、ずっと泣いている人に反応してきました。本を書いていく中、ある出来事でＪｉｎさんと話しているとき、辛《つら》くて泣くのではなく、「わかってもらえたことが嬉しくて泣く」という経験を初めてしました。そのことで、泣いているクライアントさんの気持ちがやっとわかりました。

それまでは原理はわかっていても、心ではわかっていなかったのです。それが腑《ふ》に落ちたことで、クライアントさんが泣いていても「どうしよう」から「わかってくれて嬉しい」と思ってくれている、と書き換えられたのは、ほんとうに大きな経験でした。今回もたくさん寄り添っていただき、いつもいつも、ほんとうにありがとうございます。

最後に、これから「もりえみ」としてやっていきたいことは「憧れの人みたいに絶対になれるワーク」でも書きましたが、本を出し続けていくこと、ミリオンセラーを出すこと、１０００人規模のセミナーを開催していくこと。これらを叶えるために、これからも大好きな鑑定をもっとやり続けたいと思っています。

そして、この本を今読んでくださっているあなたに会えることを、とても楽しみにしています。「あなた」という「わたし」に、わたしの未来の姿を見せに来てもらえたら嬉しいです。これから先、悩んだり、落ち込んだりしてしまうことがあっても、悩みなんて、ほんとうは、ありません。どうにかしようとしなくても、わたしたちはいつも最善の道へと進んでいます。

わたしのまわりにいる人は「幸せ」と決めています。だからこうして出会ってくれたあなたも幸せです。

出会ってくれてありがとう。手にしてくれてありがとう。

２０２１年６月

もりえみ

もりえみ〔著〕

東京都出身。高校生のときに妊娠して、驚きと嬉しさを同時に味わう。幼少期からの霊感を活かして17歳より占い師として起業。多いときで1日に15件の鑑定をしながら、悩み多き女性たちの「たましい」を救う。これまでの累計相談件数は、最年少7歳から最年長80歳の5万人以上。リピーターがほとんどで、1年間に3000件の鑑定をしていたときもあるほど。現在は起業塾なども開催。経営者の些細な不安や悩みにも応じている。

〔ブログ〕
◎絶対幸せになれる お金もドンドン手に入る
https://ameblo.jp/emimorikawa120455/

野崎ふみこ〔絵〕

漫画家歴45年。現在、「JOUR」（双葉社）にて連載中。また、直感でエネルギーを描くドットアート・パステルアートアーティスト「FUMIKO」としても活動中。FUMIKOアート教室を主宰している。代表作に、『ホスピめし』『たまご定食 注文のいらないお店』『心のイタリアごはん』（いずれも双葉社刊）、『神さまの贈りもの』（小学館刊）がある。

〔ブログ〕
野崎ふみこオフィシャルブログ
https://ameblo.jp/ffuuffuu/

予約がとれない霊視占い師もりえみの「その悩み、すぐに消えるよ!」

2021年6月10日　初版印刷
2021年6月20日　初版発行

著　者	もりえみ
絵	野崎ふみこ
発行人	植木宣隆
発行所	株式会社サンマーク出版 〒169-0075 東京都新宿区高田馬場2-16-11 電話　03-5272-3166（代表）
印　刷	三松堂株式会社
製　本	株式会社若林製本工場

ISBN978-4-7631-3903-0 C0095
サンマーク出版ホームページ　https://www.sunmark.co.jp

もりえみの言の葉カード　［絵］FUMIKO

※カード裏面のQRコードを読み取ると、もりえみからの音声メッセージが聴けますよ。お財布等に入れて、いつでも聴いてくださいね。